JN080936

ICT教育を活かす「新しい学び」
21の提言

反転授業の実践知

反転授業研究会・問学教育研究部［編］
中西洋介［著］

明石書店

はじめに

　2020年、突然の新型コロナウィルスの感染拡大により、世界は大打撃を受けました。このような突発の出来事が起こる現在の世界状況は、Volatility（変動性）、Uncertainty（不確実性）、Complexity（複雑性）、Ambiguity（曖昧性）の頭文字からなる語のVUCAを用いて説明されます。

　新型ウィルス感染のような突発的な問題以外にも、近年の科学技術の発展に伴うグローバル化によって、世界が劇的に変化しています。どの国も急激に変化する世界状況に適応し対応できる人材の育成が喫緊の課題であり、世界中で教育改革が進行しています。

　日本も例外ではなく、このような状況に対応すべく、2020年度以降の学習指導要領の改訂に伴い、教育改革が進められています。その改革の中で、教育が大きく変わる環境整備が行われています。文部科学省は「GIGAスクール構想」を打ち出し、ICT（情報通信技術）の教育環境を整備し、「児童・生徒一人一台コンピュータ」の実現に向けて動き出しています。誰もがパソコンやタブレット機器を用いて授業を受ける時代が間もなくやって来ます。

　著者が勤務する高校では、すでに2013年度（中学校はその翌年）よりWiFi環境が整備され、新入生は各自iPadを持ち、BYOD（Bring Your Own Device、自分が所有する機器を持ってくる）状況が実現しています。

　その年度より、著者と勤務校の同僚数名は「反転授業」の実践を始めました。当初の実践については、『反転授業が変える教育の未来』（明石書店、2014年）を同僚の芝池宗克との共著で上梓しました。

今回は、拙著出版以降の実践報告と実践で得た知見を紹介します。不易流行という言葉がありますが、「流行」を実践することで、改めて実感した「不易」の知見です。流行の根幹をなすテクノロジーではない「非テクノロジー」の側面を主に焦点を当て、「主体的・協働的で深い学び（アクティブ・ラーニング）」「資質・能力」あるいは「生きる力」などの学習指導要領の重要語を著者なりに理解し、ICTを含む教育実践に役立つと思われる知見を21の実践知の提言としてまとめました。最初から読み始めるのではなく、関心のあるテーマに合わせて提言を読み進めることも良いかと思います。

　本書は、序章の後、三部構成になっています。序章は、2013年より実施した反転授業の実践を振り返り、5点の知見にまとめました。特に最後の5番目に、「問い」と「学び」を合わせた「問い学ぶ（問学）」を提示することで次章の橋渡しをしています。第Ⅰ部〈学びについての提言〉は、第1章「問学のすすめ」から始め、学びと問いの根本的な意味を探り、「学びとは何か？」を提示します。その後、第2章「主体的な学びと反転授業」、第3章「対話的な学びと問学」、第4章「深い学びとICT教育」では、学習指導要領のキーワードである「主体的・対話的で深い学び（アクティブ・ラーニング）」について、反転授業、問学、ICT教育の観点を絡め、独自の視点・考えを提供します。

　第Ⅱ部〈能力とその育成についての提言〉は、第5章「スキル論」第6章「テクノロジーと人格形成」、第7章「Society 5.0（AI/IoT時代）の学びと教育」と題し、「生きる力」「学力の3要素」「資質・能力」「非認知能力」「批判的思考力」などの教育上の様々な概念を検討・整理し、教育実践につながると期待される提言をいたします。

　第Ⅲ部〈実践報告〉では、著者（英語科）と反転授業研究会会長である芝池宗克（数学科）の実践報告です。拙著『反転授業が変える教

育の未来』を上梓した後の実践報告となっています。特に、今まで反転授業に馴染みのない方には、実践報告1（英語科）と実践報告2（数学科）を読んで頂き、反転授業の成果・課題などを知って頂きたいと思います。また、反転授業と一言で言っても、色々な目標で多様な授業が行え、その発展的な可能性も知って頂きたいと考えています。実践報告3（英語科）は、教室内での英語トレーニング（Eトレ）を紹介しています。デジタル教科書を簡単かつ効果的に使用することで、英語が苦手な生徒でも英語の基礎力を身につけることができたという報告です。

　劇的に変化する世界で、間もなくやって来る、日本中の学校で一人一台コンピュータ環境が整った日に備え、教育に携わる教員、児童・生徒、保護者の方々と本書の提言を共有し、統合・止揚（synthesis）することで、少しでもより良い教育の実践ができることを願っています。

目　次

第Ⅲ部　実践報告

序章
これまでの反転授業の振り返りと最初の提言

提言1：反転授業の実践から得た知見を活用する

　2013年4月より勤務する高校で反転授業を行ってきましたが、これまでに反転授業の実践を通しての知見、いわゆる「実践知」[1]を多く得ることができました。本書では、現在進行中の教育改革の実現に寄与すると思われる実践知を紹介しますが、その前に現在に至るまでの反転授業の実践を振り返ります。反転授業を含む、あらゆる教育活動を効果的にするために必要だと思われる5つの視点を述べることにします。

　5つの視点とは、「反転授業の目的を明確にする」「生徒との信頼関係が基本である」「主体的に学習する生徒が反転授業によって成長する（反転授業によって生徒は主体的に学習して成長するのではない）」「主体的に学ぶ生徒の姿を理解する」そして最後は「反転授業の成功のカ

1　本書では、「実践知」を「教師が実践経験を積み重ねながら、そのリフレクションを通して形成していく経験知で、個別具体的な状況に依存した知」と定義します。『『教育実践力研究会』がめざす実践知の学び」より　https://www.chs.nihon-u.ac.jp/wpchs/wp-content/uploads/2017/07/01_05_aoyama.pdf（2020年1年28日閲覧）

ギは、主体性を含め、生徒の学習に対する態度や価値観にある」という
ことです。この5点を以下に詳解します。

●反転授業の目的を明確にする

反転授業では、自宅で生徒がタブレット端末などの電子機器を用い
て解説動画を視聴し、教室ではその復習や応用を行います。この通り
に生徒が学習すれば、反転授業は非常に効率的でかつ効果的な授業と
なります。しかし、必ずしもこのようになるとは限りません。

なぜなら、前著『反転授業が変える教育の未来』[2]で述べた、学習成
果を生む3要素（MMT）、すなわち、①マインドセット・心的態度
（Mindset）、②学習方法（Method）、③学習時間（Time）のうち、反転
授業は、あくまでも授業（学習）方法に過ぎないからです。そこには
生徒の学習意欲やマインドセットなどは含まれていません。学習意欲
や適切なマインドセットに欠ける場合、学習効果を期待するのは難し
くなります。生徒自身が授業を通して身につける力、つまり、反転授
業の目的を理解して授業に取り組まなければ、反転授業は形式だけの
ものに終わってしまいます。

この点を外してしまうと、反転授業の効果は望めません。反転授業
と同じ頃に教育界で広がり始めたアクティブ・ラーニングに比べ、そ
の浸透度が見劣りするのは、反転授業を通して「生徒が何を学び成長
するのか」という明確な目的やビジョンを抱くことができなかったこ
とが一因です。明確の目的やビジョンは、あらゆる持続的な教育活動
においては不可欠ですが、特に反転授業の場合に当てはまります。

2　反転授業研究会編、芝池宗克、中西洋介著(2014)『反転授業が変える教育の未来——
　　生徒の主体性を引き出す授業の取り組み』明石書店

●生徒との信頼関係が基本である

　反転授業の肝は、生徒が自宅や教室で積極的に学習に取り組むことです。反転授業の目的を理解するだけでなく、生徒が教師とともに授業を作り上げる気持ちが不可欠です。教師が生徒との信頼関係がいかに築けているかが、生徒の学習に大きく影響します。教師が良好な関係を構築するには、生徒の成長を願う眼差しを持ち、授業時間だけではなく様々な機会においても生徒と触れ合うことが望まれます。

　今やAI（人工知能）の利用が飛躍的に広がり、それに対する注目が極めて高まっています。『ロボットとの競争』や『ザ・セカンド・マシン・エイジ』の著書で知られるマサチューセッツ工科大学（MIT）のマカフィー教授は、「ハーバード・ビジネス・レビュー」でのインタビュー[3]で、AIができないことを学校で教えるべきであると語り、「創造性」「対人スキル」「問題解決力」の3点を挙げています。

　この中で「対人スキル」は、社会的な動物である人間が、AIロボットに代用されずに済むように身につけなければならない能力です。教師も例外ではありません。生徒同士の協働学習も大切ですが、それと同等かそれ以上に大切なのが、授業を通しての教師と生徒の協働作業です。教師は生徒に教えるだけでなく、生徒から学び、教師自身も成長する側面があります。学びにおいては教師も生徒も対等であり、そのような態度で教師が生徒に接することで信頼関係を築いていくことは重要かつ不可欠です。

3　"The Great Decoupling: Output is on the rise, but workers aren't sharing in the bounty" Harvard Business Review June, 2015

●主体的に学習する生徒が反転授業によって成長する
（反転授業によって生徒は主体的に学習して成長するのではない）

　「反転授業」を「アクティブ・ラーニング」や「ICT 教育」に置き換えても同じです。アクティブ・ラーニングやICT 教育によって、いきなり生徒は主体的に学び始めるのではありません。なぜなら、これらは手法に過ぎないからです。これらを導入するから生徒は主体的に学習すると考えるのは、幻想です。

　主体的に学ぶというのは、マインドセットと大きく関わるものです。マインドセットは、「心的態度」のことです。「心的態度」は英語では「mental attitude」と言います。英語の「mental」は、日本語のメンタルからイメージされるハート（heart）の部分ではなく、思考・頭脳（mind/brain）を指します。すなわち、頭の中の思考における態度です。端的に言えば、それは「どのような考え方をするか」ということです。

　「どのような考え方をするか」（マインドセット）そして「どのように振る舞うのか」（態度・行動）の2点が、主体的な学びを導き出すものなので、反転授業、アクティブ・ラーニング、ICT 教育といった手法だけでは、十分ではありません。手法を与えるだけではなく、生徒がそれを受け入れるマインドセットとそれを行動で示す態度を整えることが必要条件になります。

●主体的に学ぶ生徒の姿を理解する

　「主体的な学び」は、2020年度以降の学習指導要領に明記されている「主体的・対話的で深い学び」の1つです。「主体的」の英語は「proactive」です。英英辞典[4]では、

4　（1998）『新オックスフォード英英辞典』オックスフォード大学出版局

　「（人や行動に関して）ある状況が起こった後に反応するというよりも、その状況を創造したり、コントロールしたりすること」（拙訳）

と定義されています。この定義を用いると「主体的な学び」とは「学習状況をコントロールすること」となります。それは、教師の指示に反応して行う（コントロールされて行う）学習ではありません。

　学習状況をコントロールするには、学習内容を自らのものにすること、さらには、学習成果に対して責任を負うことが必要です。学習がうまくいかないことを、他人のせいにするのでは「主体的な学び」とは言えません。これら3つをマインドセットとして考えると、主体的に学習する生徒とは、「学習状況をコントロールし、授業内容を自分のものとし、学習成果に責任を負う生徒」であると言えます。

●反転授業の成功のカギは、主体性を含め、生徒の学習に対する態度や価値観にある

　主体性を含め、生徒の学習に対する全般の態度と価値観とは、「問うこと」と「学ぶこと」を合わせた「問学」です。「問学」は字のごとく「問い学ぶ」を意味します。国語辞典[5]と漢和辞典[6]には、それぞれ以下のように説明されています。

5　小学館国語辞典編集部（2000）『日本国語大辞典』小学館
　　本書では、国語辞典に関しては基本的にこの辞典を参照しています。異なる場合には、注で示します。

6　鎌田正、米山寅太郎（2011）『新漢語林』（第二版）大修館書店
　　本書では、漢和辞典に関しては基本的にこの辞典を参照しています。異なる場合には、注で示します。

「問学（もん‐がく）：（名）知らないことを問いたずねること。知らないことを学ぼうとすること。学問を得ようとすること。」

「問学（學）モンガク：問い学ぶ。学問。」

　さらに、「問学」は時代を遡って古来より存在した儒教の聖典とされる四書の『中庸』に出てきます。

　2020年度以降の学習指導要領の実施に際して、「主体的・対話的で深い学び」であるアクティブ・ラーニングが注目されていますが、それを実現するには、知を求める「問い」を加えた「学び」であると考えています。問いを持つことは思考を促し、「主体的な学び」につながります。「問い」を「学び」と同等に扱い、それを積極的に活用することで、「学び」は促進され、深まり、広がります。このことについては、大学英語教育学会『JACET関西紀要　第19号』の拙論「反転授業：アクティブ・ラーニング実現は『問い学ぶ』教育に道（よ）る」[7]で述べました。（この論文の中の反転授業の実践については、第Ⅲ部の実践報告1に記載しています）

　次章では、「問学」をより詳しく説明します。

7　中西洋介（2017）「反転授業：アクティブ・ラーニング実現は『問い学ぶ』教育に道（よ）る」大学英語教育学会『JACET関西紀要　第19号』21-39頁

まとめ

① これまでの反転授業の実践を振り返り、次の5点が反転授業を効果的なものすることが分かりました。

・反転授業の目的を明確にする。

・生徒との信頼関係が基本である。

・主体的に学習する生徒が反転授業によって成長する。

・主体的に学ぶ生徒の姿を理解する。

・反転授業の成功のカギは、主体性を含め、生徒の学習に対する態度や価値観にある。

② 効果的な授業をもたらす、生徒の学習に対する態度と価値観とは、「問うこと」と「学ぶこと」を合わせた「問学」です。

第Ⅰ部

学びについての提言

> # 第1章
> # 問学のすすめ

提言２：「学び」と「問い」の意味を知る

● 「学問」と「問学」

　「問学」という言葉を知ったのは、「アクティブ・ラーニング」について考えている時でした。アクティブ・ラーニングを行う際、協働学習といった、授業中における生徒の学習行動に注目するだけでなく、生徒の頭（mind）と心（heart）が「学び」に対して前向きに動いているかに注目することも大切だと考えるようになりました。

　生徒の頭の動きに関して、「問い」かけることが思考を活性化させることに改めて気づきました。「考える」行為の背後には、ある種の「問い」が存在し、両者は密接な関係にあるということです。

　思考を通して学びが行われるとすれば、学びは問いにより導かれることになります。そう考えてたどり着いた言葉が「学問」です。文字通り、「学び問う」という意味での「学問」という言葉が、日常的に使われるようになれば、アクティブ・ラーニングと言わなくても、主体的な学びにつながっていくと考えました。しかし、今日の社会では

「学問」と言うと、大学で行われている高度な研究を連想されることが多く見受けられます。この意味では、「学問」は生徒たちにとっては遠いところにあり、自分との関係が薄いものになります。

　国語辞典によると「学問」の定義は以下のようになっています。

　　①（―する）武芸などに対し、漢詩文、仏典、和歌など、広く学芸一般について学習し、体得すること。ものまなび。
　　②（―する）先生についたり、また、書物を読むことなどによって学芸を身につけること。また、その習得した知識。学識。
　　③一定の原理に従って、体系的に組織化された知識や方法。哲学、文学、科学など。学。

　このような多義性を避けるために思いついたのが、「学問」の文字をひっくり返した「問学」です。文字通り、「問い学ぶ」という意味になります。「問学」という言葉は、儒教の『中庸』に存在します。その書には「君子は徳性を尊んで、問学に道（よ）る」（君子尊徳性而道問学）とあります。思想家で陽明学者でもあった安岡正篤氏は「子思（引用者注：『中庸』の著者）の学を論ずるや、『徳性を尊んで而して問学に道る』の一語に総括されておる。」[1] と述べています。

　前章で述べたように、国語辞典には、「問学」の言葉とその定義である「（名）知らないことを問いたずねること。知らないことを学ぼうとすること。学問を得ようとすること。」が存在しています。漢和辞典にも「問学（學）」と載せられており、「問い学ぶ。学問。」と説明されています。

　「問うこと」と「学ぶこと」を合わせる意味としては「学問」と

1　安岡正篤著（2006）『王陽明——知識偏重を拒絶した人生と学問』PHP文庫

「問学」は基本的には同じです。しかし、多義性を持たない「問学」の方が、文字通りの意味を直接的に伝えるという点で、理解されやすいと思われます。さらに、「アクティブ・ラーニング」のような英語からの由来であるカタカナ表記の言葉とは異なり、漢字によって意味が直接伝わる力を「問学」は持っているように感じられます。それゆえ、現在では「問い学ぶ」という意味を正確に伝え、その姿勢と行動を促すことができるように、「問学」という言葉を様々な場面で積極的に使用しています。

　問学の意味や価値を知るには、「学びとは何か」あるいは「問いとは何か」についての意味を深く知る必要があります。

●『学問のすゝめ』と『実語教』から知る「学び」の意味と目的

　「天は人の上に人を造らず、人の下に人を造らずと言えり。」は福澤諭吉が著した『学問のすゝめ』の中の冒頭の言葉です。その数行あとには、「実語教に、人学ばざれば智なし、智なき者は愚人なりとあり。」と書かれています。この文に続いて福澤は「されば賢人と愚人との別は、学ぶと学ばざるとに由って出来るものなり。」と述べ、学ぶことの重要性を強調しています。

　福澤が引用した『実語教』とは、国語辞典によれば「経書中の格言を抄録して、たやすく朗読できるようにした子どものための教訓書。寺子屋の教科書などとして使用された。作者未詳であるが、俗に弘法大師の作という。平安末期にはできあがっていたらしい。全一巻。」と解説されています。『実語教』での福澤の引用した言葉は、「玉磨かざれば光無し。光無きを石瓦とす。人学ばざれば智無し。智無きを愚人とす。」[2]からの後半の部分であることが判ります（**図1-1**）。

2　斎藤孝著（2013）『子どもと声に出して読みたい実語教——日本人千年の教科書』致知出版社

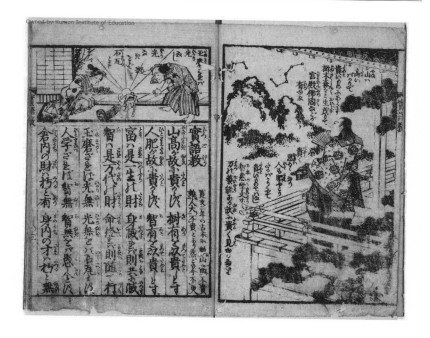

図1-1　実語教※（天保9（1838）年刊）
出典：公文教育研究会所蔵
※左頁左から二行目が「人学ばざれば智無し。智無きを愚人とす。」

　『実語教』の中に「学問」が出てきます。最後を締めくくる言葉が、「かるが故に末代の学者　先ずこの書を案ずべし。これ学問の始め身終るまで忘失することなかれ。」とあります。『実語教』の「学問」は、大学の学問という高度な研究に従事する、ごく限られた人たちのためのものではなく、もっと裾野が広く、子どもから大人までの全ての人々に対する言葉であったと推測されます。

　『実語教』では、学ぶことによって得るものは「智」を得ることです。それは、「人は学ばなければ、智はない。」⇒「人は学べば、智を持つことができる。」⇒「賢い人（賢人）になる。」の流れで考えることができるからです。それでは、「智」とは一体、何でしょうか？

　古語辞典[3]では、智（知）とは、①「智恵。物事を理解し、是非を判断する心の動き」②「知識。知力」としています。国語辞典では、智とは、①「物事の道理を理解し、是非・善悪を判断する能力。知恵。智慧。知力。知。」②「はかりごとをめぐらすこと。」③「仏語。一切の事象や道理に対して的確な判断を下し、心中の惑いを絶つはたらき。」と解説されています。

　ところで、英語の智恵に当たる「wisdom」の定義は英英辞典[4]では、

①「本当のこと、正しいこと、また（長く）続くことを見極め、判断する能力；洞察力」（洞察力：ある状況の本質を見極める能力、特に直観によって）
②「常識（common sense）；良い判断」
③a.「年齢を重ねて学んだことの総量；知識」
　b.「古代の賢人の賢明な教え」（拙訳）

とあります。

　以上から、学ぶことによって得る「智」とは「智恵」（wisdom）のことであるという前提に立つと、日本語（古語及び現代語）及び英語の定義から、「智恵」は主に次の「2種類の力」で成り立つことが分かります。

①洞察力：「物事の本質を見極める（理解する）能力」
②判断力：「是非・善悪を判断する能力」

3　金田一春彦監修（2014）『学研全訳古語辞典』（改訂第二版）学研教育出版

4　Houghton Mifflin Harcourt（2020）*American Heritage Dictionary of the English Language (Fifth Edition)*, Houghton Mifflin Harcourt publishing company

　以上まとめると「智とは智恵のことであり、それは、物事の本質を理解し、正しい判断をする能力である。」ということです。この智を得ることが学ぶことです。あらゆる分野で名人、達人と呼ばれる人たちとは、それぞれの分野の「洞察力」と「判断力」を備え、修業、鍛錬、稽古、練習を通してそれらの知恵を学んだ人達だと言えます。

●「智恵」の例

　それでは、その智恵は具体的にどのような場面で発揮するのでしょうか？　100年以上前に小泉八雲（ラフカディオ・ハーン）が書いた物語「常識」にその智恵の使われ方の一端を知ることができます。以下にそのあらすじを紹介します。

> 　ある寺の住職が、寺に来た山の猟師に「真夜中に寺の庭に、普賢菩薩という仏様が姿を現すから、是非、拝んでいきなさい」と勧める。疑いつつも寺に泊まった猟師は、真夜中に光とともに白い象に乗った普賢菩薩が現れるのを見た。住職も寺の小僧もひれ伏して、一心に経文を唱えている。しかし、猟師は二人の背後に立つと、菩薩をめがけて弓をしぼり、矢を放った。途端に激しい雷鳴が起こり、菩薩の姿が消えた。「なんということをしてくれたのだ」と半狂乱になって住職は猟師を罵るが、猟師はこう言った。「和尚様、あなたは座禅や読経の功徳を積めば、仏様を見ることができるとおっしゃった。しかし、それならば修行の足りない私や小僧さんには、仏様は見えるはずはない。その上、私は山で獣や鳥を狩る。つまり殺生を仕事とする。殺生を嫌う仏様が、私に見えるはずがない。あれは仏様ではなく、和尚、あなたの命を狙った化け物に違いない。」夜明けになって住職と猟師が調べると、普賢菩薩が見えていた辺りには血の跡があり、その後をたどると大きな古狸が猟師の矢を受けて倒れていた。

　「常識」とは、前節の「知恵」の定義の1つに上げられているように、「良い判断」を示す言葉です。すなわち、小泉八雲の「常識」とは「智恵」の言い換えであり、それは「本質を見極め、正しく判断する」という意味で使われているという解釈ができます。知識を学ぶだけでは、必ずしも智恵にはならないという教訓でもあります。逆に言うと、智恵の獲得につながる学びを行う必要があるということです。

　「智恵」を得るという学び以外にも、上述の「知識」の学びがあります。さらに「スキル（技能）」の獲得も学びです。

●学びによる知識とスキル（技能）の獲得

　学びによって「物事の本質を捉え、正しく判断することができる能力」に導く「智恵」を得るだけでなく、学びにはそこに至る過程以外に「知識」や「スキル（技能）」の獲得があります。

　国語辞典によれば、学びとは①「まね。」②「まねごと。本式ではなく形ばかり行うこと。」③「訓練。練習。」④「学問。」であると説明されています。「知識」や「技能・スキル」を獲得するとは書かれていません。

　それに対し、「学び」の英語である「learning」の定義は、先ほどの英英辞典によると、①「知識（knowledge）やスキル（skill）を得る行為、過程、もしくは経験のこと」②「学校教育や勉強を通して得た知識やスキルのこと」③「（心理学用語）行動の修正、特に経験や条件づけを通じての修正」（拙訳）とされ、①と②に「知識」や「スキル（技能）」を「得る」と書かれています。

　この英語の定義にある「知識」「スキル（技能）」と「智恵」を加えたものが、著者が考える「学び」です。すなわち、著者の定義は「学びとは、知識やスキル（技能）を獲得するだけでなく、さらに、物事の本質を見極め、正しく判断することができる智恵も獲得すること。」

です。

　これを図式化すると**図1-2**のようになります。

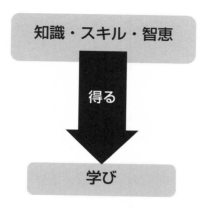

図1-2　「学び」と「知識・スキル・智恵」との関係
出典：著者作成

●学びにおける「問い」の役割

　再度まとめると、「学ぶこと」とは、「知識」「スキル」「智恵」を得るということです。「得る」という行為は、自分に引き寄せて、自らのものとするというものです。言い換えれば、「学び」とは、学ぶ対象についての「知識」、それを活かす「スキル（技能）」、そして、その対象の本質を見極める「智恵」を自分に引き寄せて、自らのものとする行為です。

　「問学」の中の「学び」について述べてきましたが、「問い」については、日本語と英語の定義を比較することで、その意味やイメージをつかめます。

　「問う」とは、国語辞典では、「（問）他にものを言いかけたり、調べたりする。」とし、①「話しかける。ものを言う。」②「質問する。問いたずねる。また、判断を求める。」③「（「占（うら）を問う」な

どの形で）うらなってみる。うらないの結果をもとめる。」④「訊問する。詰問する。罪を取り調べる。問いただす。」⑤「追求する。罪や責任を、その人について追及するのにいう。」⑥「（打消しの語を伴って用いる）問題にする。あることについて、それを区別の基準にする。」、以上の6項目で解説されていますが、「問学」を考える場合、②「質問する。問いたずねる。また、判断を求める。」を扱います。

　ところで、「学問」に相当する英語はなかなか見当たりません。例えば、「学問に王道なし」という諺は、「There is no royal road to learning.」となっています。それには「問い」がありません。福澤諭吉の『学問のすゝめ』の英訳本は、『An Encouragement of Learning』がタイトルです。これにも「問い」の訳がありません。マックス・ウェーバーの『職業としての学問』の英訳は、『Science as a Vocation』です。「科学」が「学問」として訳されています。

　「学び問う」という意味での「学問」のそれらしき表現が、米国の著名なジャーナリストであるファリード・ザカリア氏の本[5]の中にあります。

　　　「そして理解に対するより深い探求は決して消えることはなかった。暗黒時代においてさえ中世の修道院は<u>学びと問い（learning and inquiry）</u>の伝統を活かし続けたのである。」（拙訳）（下線は引用者による）

とあり、下線の英語表現が「学問」の近いものと考えられます。「問い」にあたる「inquiry」の定義は、英英辞典[6]では、次のようになっています。

5　Fareed Zakaria（2015）*In Defense of a Liberal Education*，W W Norton Co.Inc

6　（2010）*Random House Webster's College Dictionary*，Random House

①「真理、情報、あるいは知識を求めること、あるいは要求すること」

②「調査。例えば、事件といった出来事の調査」

③「質問、疑問」（拙訳）

　3種類の定義ありますが、この中で、①「真理、情報、あるいは知識を求めること、あるいは要求すること」が問学の「問い」を考える上で役立ちます。特に「求める」という語が問学にとって重要になります。「求める」とは、向かっていくイメージです。例えば、「何かを問う」とは「何かについての真理、情報、知識に向かっていく」イメージであり、図式化すると、**図1-3**のようになります。

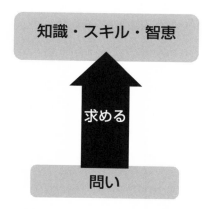

図1-3　「問い」と「知識・スキル・智恵」との関係

出典：著者作成

　これらの「問うこと」と「学ぶこと」の定義を合わせた「問学」というのは、問うことによる「求める」行為と学ぶことによる「得る」行為です。これは「知識・スキル・智恵を求め、それらにたどり着くと、そこから自分のものにするために引き寄せる」という一連の流れになります。**図1-4**のイメージがそれになります。

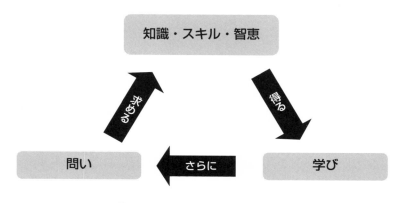

図 1-4　「問学」と「知識・スキル・智恵」との関係

出典：著者作成

● 「問学」は、より良い人生を送るためにある

　人生を送るうえで「問学」の意義を簡潔に述べると、「問学は人生をより良く生きるためにある。」ということです。

　『学問のすゝめ』に引用されている『実語教』の「人学ばざれば智なし、智なき者は愚人なり。」は、学ぶ目的を端的に示しています。学ぶことによって智を得る、智とは「物事の本質を見極め、判断するための智恵」のことです。その智恵を獲得するために学びがあります。

　つまり、学ぶこととは、仕事、スポーツ、趣味など何であれ、それぞれの対象の本質をつかみ、正しく判断するために、知識を広げ深め、能力・スキルを高めていく行為であると言えます。学ぶことによって、知らなかったことを知り、できなかったことができるようになるだけでなく、その先にある本質をつかみ、正しく判断できることが、今日の変化の激しい社会で生きる力を身につけることになります。

　このように考えると、学ぶことは生きることになります。学びを通して、知識、スキル、そして智恵を獲得し生き抜くことができます。そして、知識やスキルを獲得する方向に向かわせるものが「問い」で

す。「問い」とは「知識・スキル・智恵を求める」、つまり、「向かう」動きだからです。「問い」によって「学ぶ」ことが促進されます。この学びが「問学」です。

「問学」は、人生を生き抜くための知識・スキル・智恵を求め、獲得することです。それは人生をより良くするものです。より良い人生を送るために「問学」があると言っても過言ではありません。

このことを理解し、「問学」の態度を生徒が身につけたならば、反転授業、アクティブ・ラーニング、ICT教育といった学習方法を活かすことができるでしょう。「問学マインドセット」で、これらの学習方法を行えば、より良い方向に教育の未来が変わります。

反転授業研究会・問学教育研究部のホームページ（https://www.mon-gaku.com/）には、次の英語での標語を掲げています。

「Ask more, Learn more.　Ask better, Learn better, Live better.」
（より多くを問い、より多くを学んで下さい。より良く問い、より良く学んで下さい。そして、より良い人生を送って下さい。）

「問学」という言葉と価値を知り、その態度が培われるならば、日常生活において常に何かを「問い」、何かを「学ぶ」ことで、少しでも確実に人生が良くなっていくはずです。

まとめ

① 主体性を含め、生徒の学習に対する態度とは、「問学」です。「問学」は儒教の『中庸』にある言葉です。日本国語大辞典では「問学（もん－がく）：（名）知らないことを問いたずねること。知らないことを学ぼうとすること。学問を得ようとすること。」と説明されています。新漢語辞典では「問学（學）モンガク：問い学ぶ。学問。」です。

② 「問い」「学び」の意味を調べ、分析し、「問学」で統合すると、それは「知識・スキル・智恵を求め、獲得すること」なります。問い学ぶことを意味する「問学」は、より良い人生を送ることに大きく寄与します。

第2章
主体的な学びと反転授業

提言3：「主体的な学び」を自分の言葉で表現する

●主体的な学び：プロアクティブ・ラーニング

2016年8月に文部科学省が学習指導要領改訂に関する発表をしました[1]。その中で教育界ではキーワードとして注目されていた「アクティブ・ラーニング」という言葉を前面に押し出すのではなく、その言葉をより具体的にした「主体的・対話的で深い学び」が用いられました。その学びの実現が学習指導要領改訂後に求められています。

「主体的」「対話的」「深い」の3つの形容詞を伴う「学び」が提示されましたが、どれも分かるようで分からない言葉であるように思えます。特に、この中で自分の言葉で説明することができなかったのが、「主体的」です。実は、拙著『反転授業が変える教育の未来』の副題が「生徒の主体性を引き出す授業への取り組み」となっています。著

---

1 次期学習指導要領等に向けたこれまでの審議のまとめについて（報告）https://www.mext.go.jp/b_menu/shingi/chukyo/chukyo3/004/gaiyou/1377051.htm（2020年1月28日閲覧）

者ながら、その副題の意味が分からないのは、もう一人の著書である
芝池が拙書の「おわりに」の締めくくりとして「反転授業が生徒の主
体性を引き出す取り組みとなり、やがて生きる力につながることを願
ってやみません。」と書いているからです。すなわち、それは、著者
（中西）自身の言葉ではないからです。

　出版当時、「主体性とは何ですか？」と問われても、うまく説明す
ることができなかったのです。そのため、その問いを考え続けている
と、ある日思いついたのが下の図が示す「主体的」という英単語
「proactive」（プロアクティブ）です（**図2-1**）。

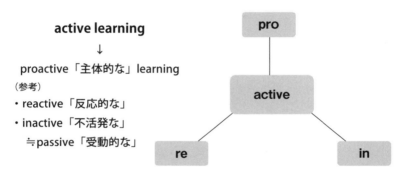

図 2-1 「主体的な学び」とは
出典：著者作成

　「主体性」にともに考えていたのが、「アクティブ・ラーニングとは
何か？」でした。「アクティブ・ラーニング」（active learning）は海外
から入ってきた言葉です。著者は「active」（アクティブ）という言葉
に注目しました。「active」に接頭辞を付けると様々な意味になります。
否定の意味を示す接頭辞「in」を付けると「inactive」（以降は、インア
クティブ）「活動的でない、不活発」の意味です。これは「消極的」
の意味に近いものです。次に、「reactive」。「re」は「再度」を示しま
すが、日本語の「リアクション」（reaction）、つまり、「反応」の形容

詞です。すなわち、「reactive」（以降は、リアクティブ）は「反応的」です。最後に、「proactive」。「pro」は「前へ」を示し、「前もって行動する」、著者の語感では、「自ら仕掛けていく」です。「proactive」（以降は、プロアクティブ）が「主体的」です。

　日常、職場（学校）で体験していることを想像することで、これらの単語がより鮮明になります。それは「朝の挨拶」です。朝に学校で生徒に「おはようございます」と著者が挨拶しても、返事が返ってこない時があります。この時は、生徒は「インアクティブ；（挨拶に）活動的でない」状態です。次に、著者が挨拶して、挨拶が返って来る時は、生徒は「リアクティブ；（挨拶に）反応的」です。最後に、部活生など、著者が挨拶をするかしないうちに、挨拶をしてくる生徒がいます。その生徒は「プロアクティブ；主体的な」挨拶をしています。

　これらの連想から、「学び」についても同じことが言えます。つまり、挨拶のように、授業内容に「活動的でない」学びの状態が、すなわち、インアクティブ・ラーニング（inactive learning）。授業内容に、教師に指示や働きかけに対してただ単に「反応して」学ぶ状態が、リアクティブ・ラーニング（reactive learning）。最後に、授業内容に、教師からの指示や働きかけに関係なく自ら行動して「主体的に」学ぶ状態が、プロアクティブ・ラーニング（proactive learning）であるとの考えに至りました。最後のプロアクティブ・ラーニングこそが「アクティブ・ラーニング」です。「アクティブ・ラーニング」や「主体的な学び」を考える際には、「インアクティブ；活動的でない」学び、あるいは「リアクティブ；反応的な」学びと比較することで、生徒の「主体的な」学びがより鮮明になると思われます。

●アクティブ・ラーニングの９つの分類

　前節では、「主体的な学び」をプロアクティブ・ラーニングとしました。主体性を考える際、それと比較する対抗軸を用いることでより明確になります。その対抗軸が、「リアクティブ：反応的」と「インアクティブ：行動的ではない・不活発」であり、それぞれを「リアクティブ・ラーニング」「インアクティブ・ラーニング」と表現しました。

　「アクティブ・ラーニング」は、児童・生徒・学生である「学習者」が対象とされます。しかし、著者は「主体的な学び」の対象を「学習者」だけでなく「教師」も含むものと考えます。それぞれに３種類の形容詞を付け、分類し、その組み合わせをすることで、「学習者」と「教師」の複数のタイプの関係が形成され、それらから「主体的な学び」の姿を、より鮮明に読み取ります。

　すなわち、「学習者」とは、

　　　①「主体的学習者」（プロアクティブ・ラーナー：PL）

　　　②「反応的学習者」（リアクティブ・ラーナー：RL）

　　　③「不活発学習者」（インアクティブ・ラーナー：IL）

であるとします。

　一方、「教師」に関しては、

　　　①「主体的教師」（プロアクティブ・エジュケーター：PE）

　　　②「反応的教師」（リアクティブ・エジュケーター：RE）

　　　③「不活発教師」（インアクティブ・エジュケーター：IE）

とします。

　それぞれの組み合わせは、９通りになります。

　　　①「主体的学習者」（PL）／「主体的教師」（PE）

　　　②「主体的学習者」（PL）／「反応的教師」（RE）

③「主体的学習者」（PL）／「不活発（受動的）教師」（IE）

④「反応的学習者」（RL）／「主体的教師」（PE）

⑤「反応的学習者」（RL）／「反応的教師」（RE）

⑥「反応的学習者」（RL）／「不活発（受動的）教師」（IE）

⑦「不活発（受動的）学習者」（IL）／「主体的教師」（PE）

⑧「不活発（受動的）学習者」（IL）／「反応的教師」（RE）

⑨「不活発（受動的）学習者」（IL）／「不活発（受動的）教師」（IE）

になります。**図2-2**はそれを表すものです。

主体的学習者(PL)	PL ○	IE ×	PL ○	RE △	PL ○	PE ○
反応的学習者(RL)	RL △	IE ×	RL △	RE △	RL △	PE ○
不活発学習者(IL)	IL ×	IE ×	IL ×	RE △	IL ×	PE ○
	不活発教師(IE)		反応的教師(RE)		主体的教師(PE)	

図 2-2「主体的」「反応的」「不活発」な「学習者」と「教師」の組み合わせ
出典：著者作成

　この図にある教師と学習者の組み合わせから、様々なことを読み取ることができます。1つは、授業アンケートの結果を考える際に、「どの組み合わせが良い結果が出るのか？」あるいは、「どの組み合わせが教師にとり批判的になるのか？」についての予想が可能になります。

　良い結果が出る可能性が高いと予想されるのは、右上の「PLとPE」の主体的な教師と学習者です。その他、相性の良さ（同じ状態である）から、真ん中の「RLとRE」（反応的同士）と左下の「ILとIE」（不活発同士）も良い結果の可能性があります。

　一方、教師に対して否定的に出る可能性があるのが、左上の「PL
とIE」（主体的学習者と不活発教師）であることは、容易に理解できる
でしょう。ここであまり意識されないと思われるのが、右下の「IL
とPE」（不活発学習者と主体的教師）です。教師の熱意ある授業が空回
りすると、それを拒絶し、ネガティブな反応となることがあるからで
す。

　授業アンケートを実施し分析する際に、その結果がどの教師と学習
者の組み合わせであるかを念頭において行うと、より良いフィードバ
ックが可能になります。

まとめ

① 「主体的な学び」を、英語で「proactive learning」（プロ
アクティブ・ラーニング）と表現し、「reactive learning」
（リアクティブ・ラーニング）「反応的な学び」と「inactive
learning」（インアクティブ・ラーニング）「不活発な学び」
と対比することで、その姿が浮かび上がります。

② 「主体的な学び」を考える際、「主体的」「反応的」「不活
発な」状態を生徒と教師に当てはめると、9つの組み合わ
せとなり、その中で「主体的な生徒」と「主体的な教師」
の組み合わせが、「主体的な学び」となります。

提言４：主体的な学びが反転授業の効果を生む

●主体的な学びと反転授業の効果

　「主体的な学び」を考えるのにあたって、その当事者である「学習者」および「教師」を「プロアクティブ；主体的」「リアクティブ；反応的」「インアクティブ；不活発」の３類型に分類し、９通りの組み合わせを試みました。

　これらの組み合わせから見えてくるものは、「主体的な学び」は、「主体的学習者」（PL）／「主体的教師」（PE）の組み合わせにより生じるものです。

　アクティブ・ラーニングにおいても同様の組み合わせが当てはまります。ただ気を付けなければならないことは、「反応的学習者」（RL）と「主体的教師」（PE）においても、アクティブ・ラーニングとされる可能性があります。学習者が、常に教師の指示や庇護の下で学習する場合、その学習者の学習行為が教室内でいかに活発であるとしても、真の意味で「主体的な学び」を行っているとは言えません。なぜなら、いったん、教師の指示や庇護がなくなれば、学び続ける可能性が低いからです。生涯にわたって学び続けるには、教師の指示に反応して学ぶのでなく、それがあるなしに関係なく自ら学ぶ、主体的な学習者へと変容する必要があります。

　このことは、反転授業の実践にも当てはまります（**図2-3**）（次頁）。反転授業が最もうまくいくのも「主体的な学習者」（PL）と「主体的な教師」（PE）の関係においてです。この関係で反転授業を行うと「プロアクティブ・ラーニング；主体的な学び」が生まれます。さらに、それぞれの「主体性」が互いに影響しあい、その先には「個を超える学び」（transactive learning；以降は、トランザクティブ・ラーニング）

につながるものと考えます（この学びについては次節で述べます）。

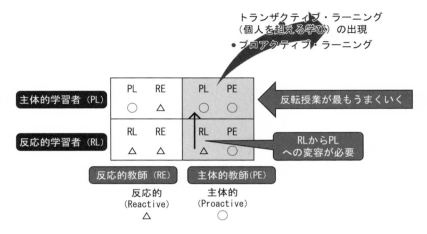

図 2-3　反転授業が最もうまくいくのは、どの状況か？

出典：著者作成

　上記のような学びは、理想的な学びです。実際は、「反応的学習者」（RL）が多く見受けられるのではないでしょうか？ 著者の反転授業の実践においても、このタイプの学習者が大半を占めます。例えば、反転授業の 要(かなめ) の1つに、解説動画の視聴が挙げられます。著者の生徒は、ほぼ全員が授業前に解説動画の視聴を終えます。しかし、どれだけ真剣に身を入れてしているのかは分かりません。家庭学習の課題として、解説動画の視聴をする際に、それを補助するプリントに書き込み、それを提出します。そのプリントをチェックすると、動画の解説を視聴して、ただ単に動画の文字を写しているだけの印象を与えるプリントが見受けられます。

　何もしない「不活発学習者」（IL）と比べると、悪くはないのですが、そこで満足するのではなく、生徒が少しでも向上することが望まれます。「反応的学習者」（RL）からいかに「主体的学習者」（PL）への変容を促すかが、教員の力量にかかるのです。

●個を超える学び：トランザクティブ・ラーニング

　「トランザクティブ・ラーニング：個を超える学び」は、トランザクティブ・メモリーをヒントに考えついたものです。トランザクティブ・メモリーの概念について、「日本の人事部」[1]では、

　　『「トランザクティブ・メモリー」（transactive memory）とは、1980年代半ばに米ハーバード大学の社会心理学者、ダニエル・ウェグナーが唱えた組織学習に関する概念で、日本語では「交換記憶」あるいは「対人交流的記憶」「越境する記憶」などと訳されます。組織学習の一つの側面である組織の記憶力（経験によって学習した情報の蓄積）において重要なのは、組織全体が「同じ知識を記憶すること」ではなく、「組織内で『誰が何を知っているか』を把握すること」である、という考え方です。英語でいえば、組織の各メンバーが「What」よりも「Who knows What」を重視し、共有している状態を指します。』

とあります。著者の理解では、「トランザクティブ・メモリー」とは、記憶を個人のみに押し込めるのではなく、他者の記憶も活用しながら、記憶の幅を広げることができるものです。上記の解説にあるように、《組織全体が「同じ知識を記憶すること」ではなく、「組織内で『誰が何を知っているか』を把握すること」である》ということです。これを、記憶の代わりに「学び」に置き換えると、それぞれの学習者の「学び」が個人の学びを超え、有機的なつながりを保ちながら、教室空間や地域社会まで広がるものと考えます。すなわち、それぞれの学習者の学びが、組織や社会でつながり、生かされるものです。

1　「日本の人事部」（2013 年 11 月 11 日掲載）https://jinjibu.jp/keyword/detl/607/ （2020年 1 月 28 日閲覧）

　やや抽象的になりましたが、「主体的な学び」の先にあるものは、文科省が掲げる「生きて働く知識」にとどまらず、その知識を活かす「スキル」、さらに「智恵」が社会全体で有機的に結び付き、効果的な働きをする学びです。それを「トランザクティブ・ラーニング；個を超える学び」と呼ぶことにします。この学びが「集合知」（collective wisdom）として現れると、いかに活気のある社会になるのかは容易に想像できるでしょう。

　まずは個の「プロアクティブ・ラーニング；主体的な学び」があり、教師を含めた学習者同士の「主体的・対話的な学び」になり、それらが「トランザクティブ・ラーニング；個を超えた学び」となります。その具体的な形（成果）は、個の「知識・スキル・智恵」の獲得、そして、集団の中に存在する個の「知識・スキル・智恵」が有機的につながり、「集合知」あるいは智恵を超える「叡智」の顕現です。

　文科省が提唱する「深い学び」とは「物事の本質をつかみ、正しく判断する智恵」を獲得する過程を指すものと見なすことができます。

まとめ

①反転授業が最もうまくいくのは、「主体的な学習者」（PL）と「主体的な教師」（PE）の関係においてです。この関係で反転授業を行うと「プロアクティブ・ラーニング；主体的な学び」が生まれます。

②「主体的な学び」の先の学びは、「トランザクティブ・ラーニング；個人を超える学び」が想定されます。

提言５：主体的学習者・主体的教師への変容が求められる

●「主体的学習者」への変容

　「主体的な学び」に関して生徒と教師の9つの組み合わせのうち、反転授業の実践が最もうまくいくと考えられる学習者と教師の組み合わせは、「主体的学習者」と「主体的教師」でした。35頁に示した**図2-2**では、右上に位置します。

　これに対し、**図2-2**の右中央に位置する「反応的学習者」（RL）と「主体的教師」（PE）での学びでは、表面上、学習者は活発に教室で学習しているように見受けられることがあります。しかし、何らかの教師による指示や影響のみで、それに「反応して」学習が行われている場合、自律した学習者であるとは決して言えません。いかにして「反応的学習者」（RL）を「主体的学習者」（PL）に変容していくかが、大きな課題として残ります。この課題を解決する方法の1つとして著者が考えるのが、「希望＋4e-サイクル」です（**図2-4**）。

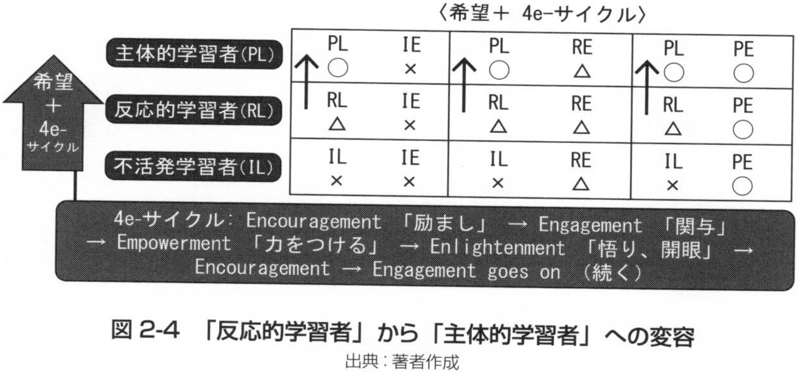

〈希望＋ 4e-サイクル〉

主体的学習者(PL) ↑	PL ○	IE ×	PL ○	RE △	PL ○	PE ○
反応的学習者(RL) ↑	RL △	IE ×	RL △	RE △	RL △	PE ○
不活発学習者(IL)	IL ×	IE ×	IL ×	RE △	IL ×	PE ○

希望
＋
4e-
サイクル

4e-サイクル: Encouragement 「励まし」 → Engagement 「関与」 → Empowerment 「力をつける」 → Enlightenment 「悟り、開眼」 → Encouragement → Engagement goes on （続く）

図2-4　「反応的学習者」から「主体的学習者」への変容

出典：著者作成

　希望に関しては、拙著『反転授業が変える教育の未来』で述べた部分を再掲します。拙著が発行されてから5年後（2019年）にノーベル経済学賞を受賞した学者たちの研究成果を踏まえた箇所です。

　　「希望を持つことの大切さに関して次の研究があります。マサチューセッツ工科大学（MIT）のアビジット・V・バナジー（Abhijit V. Banerjee）教授とエスター・デュフロ（Esther Duflo）教授による貧困の研究では、貧困国の人々が海外からの援助を得て自立をするように促してもうまくいかないことがあるそうです。自立のためのお金を与えても、刹那的に美味しい食べ物などに浪費していまい、中・長期的に自立するためのお金の使い方をしないので貧困から抜け出せない状態のままでいるというのです。理由として、将来に対する希望がないためであると教授らは指摘しています。」

　授業においては、希望は将来のビジョン（vision）です。学習することが、将来、どのようなことにつながるのかという理解とも言えます。学習することの意味を理解できれば、生涯にわたって学習するためのスタートラインに立つことができます。希望、あるいは将来のビジョン、あるいは学習する意味の理解を持って「4e-サイクル」の体験をすることを通じて、学習への主体性を得るようになります。

　「4e-サイクル」とは、「e」から始まる4つの単語からなるもので、それらの言葉の体験を経て「反応的学習者」（RL）から「主体的学習者」（PL）に変容を目指すものです。それらの単語は、「励まし」（encouragement）、「取り組み・関与」（engagement）、「力をつける・実力養成」（empowerment）、「（できるという）開眼」（enlightenment）です。これら4つを連鎖的に体験して、何度も繰り返すことにより、徐々に「反応的な状態」から「主体的な状態」へと変容を遂げることが狙い

です。

　まず初めに、教師から学習者への「励まし」から始まります。それは言い換えると、教師による学習への誘いです。特に、学習に対して自分はできるという「自己効力感」（self-efficacy）が低い学習者に対しては、教師からの「学習すれば、できるようになる」という励ましが必要です。その際には、教師の言葉が表面上のものではなく、どれだけ心の深いところから発せられているかが問われます。

　次は、学習に対して「取り組み・関与」している状態です。アクティブ・ラーニング等においても「主体的な学習」の要素として挙げられます。ちなみに、反転授業の先駆者であるジョナサン・バーグマン氏らが出版した『反転学習』（Flipped Learning）[1]の英語サブタイトルは、「Gateway to Student Engagement」となっており、その訳は「生徒の主体的参加への入り口」となっています。

　学習に関与すると、学習成果が出てきます。それは「力がついた」状態である「実力養成」です。学習に関わっていても、何らかの「できる感」や「分かった感」が伴わなければ、学習の継続は困難になります。学習を継続するには、学習者自らが「知らなかったことを知る」ことや「できなかったことができる」ようになることによって成長することが欠かせません。「取り組み・関与」の結果が、「力をつける」ことにつながる必要性があります。

　最後に、学習成果により、生徒の学習に対する「自己効力感」が高まり、学習によって力をつけることができるという「（できるという）開眼」に至る状態です。この状態により、さらなる学習動機につなが

1　Jonathan Bergmann and Aron Sams（2015）*Flipped Learning: Gateway to Student Engagement*, International Society for Technology in Education（ジョナサン・バーグマン、アーロン・サムズ著、東京大学大学院情報学環　反転学習社会連携講座監修（2015）『反転学習──生徒の主体的参加への入り口』オデッセイコミュニケーションズ）

ることや、あるいは、知的好奇心が芽生え、次の学習目標を持つように
なります。これが、次の「取り組み・関与」 につながり（時には、
「励まし」が必要になるかもしれません）、そして、「力をつける・実力
養成」、「（できるという）開眼」へと、らせん状のサイクルとして高く
向上していく結果、最終的には、「主体的な学習者」への変容を遂げ
るのです。

　まとめると、希望、将来のビジョン、あるいは、学習の意味や価値
の理解をもって、「4e-サイクル」 という、「励まし」→「取り組み・
関与」→「力をつける・実力養成」→「（できるという）開眼」、さら
に（「励まし」） →「取り組み・関与」 →…と続くらせん状のサイク
ルを経て、「反応的学習者」（RL）から「主体的な学習者」（PL）にな
ることを目指すものです。「主体的な学習者」への変容により、「主体
的な学び」がもたらされ、反転授業が最もうまく実践されます。この
サイクルを示すのが**図2-5**です。

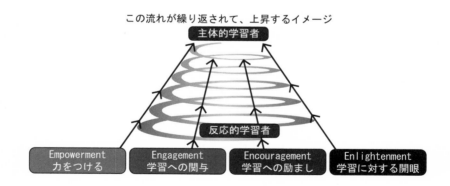

図2-5　4e-virtuous cycle（好循環）

出典：著者作成

●反転授業が普及するためのカギ：教師の変容

　反転授業やアクティブ・ラーニングにおいて、「主体的な学び」は、**図2-6**の右上に位置する「主体的な学習者」（PL）と「主体的な教師」（PE）の関係で行われる授業です。どちらも主体的な取り組みで理想的な段階です。

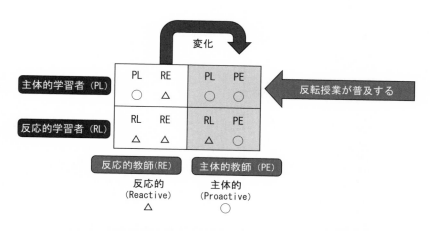

図 2-6　反転授業がどのようにすれば、より普及するのか?

出典：著者作成

　前節では、いかにして学習者を「反応的」から「主体的」な状態に変容するのかを述べました。ここでは、教師側の状態に注目します。

　図2-6の左上に位置する「主体的学習者」（PL）と「反応的教師」（RE）の関係においては、学習者は積極的に学習を行うのですが、一方、教師は与えられた教材や教科で求められる内容をこなすのみで、そこには何ら創造性や独創性を伴わない授業を行う場合が挙げられます。教師用指導書をただ生徒に伝えるだけでは、教科に対する面白みを伝えることは困難になります。教師には、教科を教えることに対する情熱や楽しみ、あるいは苦しみを乗り越えた時の喜びなどを伝える

ことが、AI（人工知能）の時代には、よりいっそう求められます。米国の著名なジャーナリストであるトーマス・フリードマン氏の著書[2]では、次のことが書かれています。

> 「心（ハート）から出てくるものは、心（ハート）に入る。あなたの心（ハート）から出てこないものは、決して他人の心（ハート）に入らないだろう。人を思いやる気持ちを喚起するには、自らの人を思いやる気持ちが要る、つまり、人の共感を喚起するには、自らが共感することが要るのだ。」（拙訳）

　社会脳（social brain）を持つと言われる人間には、感情は伝染するという特徴があります。教師が「主体的」になるには、情熱（passion）が必要です。その情熱が生徒の心（ハート）に入り、前節で述べた「反応的学習者」が「主体的な学習者」に変容する際のエネルギーとなるのです。このエネルギーは教師も学習者から得ることがありますが、まずは教師が持つことが前提となります。

　「反応的教師」（RE）が「主体的教師」（PE）に変容し、その数が増えれば、反転授業を行う数も増える可能性が高まり、ひいては反転授業の普及につながります。情熱は必要な要素ですが、それが空回りになることがあります。それを避けるためにあるのが、「ミッション・ビジョン・パッション・アクション・リフレクション」（Mission, Vision, Passion, Action, Reflection：MVPAR）です。

2　Thomas L. Friedman（2017）*Thank You for Being Late: An Optimist's Guide to Thriving in the Age of Accelerations*, Picador USA; Reprint（トーマス・フリードマン著、伏見威蕃訳（2018）『遅刻してくれて、ありがとう　常識が通じない時代の生き方（上）（下）』日本経済新聞出版社）

●主体的教師への変容

　反転授業がより普及していくためには教師の取り組みが欠かせません。反転授業がうまくいくためには「主体的学習者」（PL）と「主体的教師」（PE）で行うことが必要になります。それゆえ、「学習者」と「教師」の両者が、「主体的」であることが求められます。

　教師が「主体的」になるには情熱（passion）を要することを述べました。しかし、情熱だけで十分ではありません。なぜなら、その情熱を持った行動（action）が空回りすることがあるからです。

　そこで、その行動を正しい方向に向かわせるものが必要になります。それが、ビジョン・先見（vision）です。教える内容や指導法など、単発の時間だけでなく、中・長期にわたる授業に関する明確なビジョンが伴われなければなりません。毎日の授業、毎週の授業、毎月の授業、1年間にわたる授業、そして卒業までの授業、卒業後につながる授業に対するビジョンです。

　ビジョンを形成するのに影響を与えるのが、ミッション・使命（mission）です。その具現化したものが、それぞれの学校が目指す教育目標や方針です。学校が掲げる教育目標を実践するのがミッションだとすれば、そのミッションをより具体化したものが、各教科、学級活動、あるいは学校行事となります。

　気をつけなればならないのは、ミッション・使命（mission）とビジョン・先見（vision）を混同しないことです。例えば、「生きる力の育成」を掲げた場合、これはミッションです。ビジョンではありません。ビジョンはもっと具体的なものになります。マジック・ワードと呼ばれる言葉は、聞こえは良いが、具体的な中身が明確でない言葉です。ミッションは何か行動を起こす上で大切です、それと同等に大切なのが明確なビジョンです。

　使命に賛同し、先見として具体的かつ明確にすべき事を理解し、情熱を持って行動する。すなわち、「ミッション；使命→ビジョン；先見→パッション；情熱→アクション；行動」となります。しかし、これで完結するのではありません。先見、情熱、行動が必ずしも常に適切であるとは限らないからです。それをチェックするのが、「リフレクション；振り返り・内省」です。行動の後に、振り返りを加え、英語の頭文字をつなげたものがMVPARです。**図2-7**に➡で示したものです。

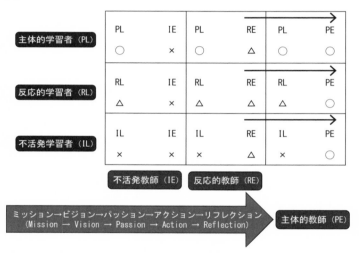

図2-7　「反応的教師」から「主体的教師」への変容の方法（MVPAR）①

出典：著者作成

　図2-8は、その関係を示したものです。ミッションを頂点とし、ミッションを伴ったパッション、ビジョン、アクションとなります。これら3要素が常に正しくあるのかを確認し、修正するのがリフレクションです。それは、下から支えるものです。これら5つが調和している状態が理想であり、これを体現しているのが「主体的な教師」です。尚、リフレクションがいかに大切であるかについては、提言18で詳述します。

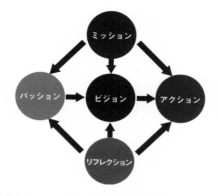

図 2-8　「反応的教師」から「主体的教師」への変容の方法（MVPAR）②
出典：著者作成

まとめ

① 「反応的な生徒」と「主体的な教師」の組み合わせでは、「反応的な生徒」が「主体的な生徒」に変容することで「主体的な学び」となります。その方法の 1 つに、「希望＋4e-サイクル」があります。「主体的な生徒」に変容すれば、理想的な反転授業となります。

② 「主体的な生徒」と「反応的な教師」の組み合わせでは、「反応的な教師」が「主体的な教師」に変容することで「主体的な学び」となります。その方法の 1 つに、MVPAR（Mission；使命・Vision；先見・Passion；情熱・Action；行動・Reflection；振り返り）があります。「主体的な教師」に変容すれば、理想的な反転授業になるだけでなく、反転授業の実践が広がります。

提言6：主体性の構成要素を把握する

●主体性の構成要素

　最後に主体性をより具体的にイメージするために、主体性を別の言葉に言い換えることにより、主体性とは何かを述べます。

　「主体的な学び」について、プロアクティブ、リアクティブ、インアクティブといった言葉を用いて説明してきました。本節では、主体性は、「コントロール」（control）、「所有」（ownership）、「責任」（responsibility）の3語からなるものと考え、それらについて考察します。

　最初に、序章で示したように、「主体的な」を表すプロアクティブ（proactive）の定義は、英英辞典[1]によると次の通りです。

　　「（人や行動に関して）ある状況が起こった後に反応するよりも、その状況を創造したり、コントロールしたりする」（拙訳）

　辞書の定義から、プロアクティブを示す動詞は、「創造する」あるいは「コントロールする」です。「主体的な学び」において「コントロール（する）」は特に注目するに値します。学習において、教師や外部の刺激により、学習を「やらされている」のではなく、自ら「する」際に、学ぶ内容をコントロール、言い換えれば、支配する感覚が必要です。たとえ理解するのが難しい内容であったとしても、自分を卑下することなく、立ち向かう自尊心も不可欠です。

　その自尊心を持つ出発点が、「オーナーシップ：（学びの）所有者であること」の実感です。学習において、学習対象を「自分のものにす

1　(1998)『オックスフォード新英英辞典』オックスフォード大学出版局

る」、あるいは、「している」という実感です。学習対象が、自分のものでなければ、それに対する気持ちや意識を十分に持つことができないでしょう。「自分のものである、自分が所有している」という意識が、「当事者」意識にもつながります。

　学習対象や内容が、自分のものであると捉えることができると、そこに 「責任」 が生まれます。学習に対して責任を持つことは、決して他人や環境のせいにするのではないということです。

　これらの3語、コントロール、所有、責任が、「主体性」に関わる要素であると考えます。これらの名詞は、次の英語の慣用句[2]で表現されます。

（コントロール）

* take control of 〜「〜を制御［統制・管理・監督・掌握・指揮］する、
　　　　　　　　　　　〜の支配権［主導権・経営権］を握る」

（所有・オーナーシップ）

* take ownership of 〜「〜の所有権を得る［者となる］、〜を自分の
　　　　　　　　　　　　ものにする」

（責任）

* take responsibility for 〜「〜の責任を取る、〜に責任を持つ、〜に
　　　　　　　　　　　　関して責任を負う、〜にけじめをつける（問題な
　　　　　　　　　　　　どが発生したときに、その責任が自分にあることを認
　　　　　　　　　　　　め、対策を講じること。辞任または辞職の意味ではな
　　　　　　　　　　　　い。）」

　以上の慣用句のどれもの動詞が、「take」（取る）であることは注目

2　英辞郎 on the web　https://eow.alc.co.jp/（2020 年 1 月 28 日閲覧）

に値します。要するに、「主体性」とは、「何かを取ること」を示すことであって、決して「与えられること」ではなく、「所有権」「主導権」「責任」を取ることです。そして、「主体的な学び」とは、学びに対して、所有権、主導権、責任を取ることであると考えます。

　さらにこれらの行動に対し、内面ではこれらの感覚（sense）を持つことが不可欠です。すなわち、「所有感」（a sense of ownership）、「主導感・コントロール感」（a sense of control）、「責任感」（a sense of responsibility）となります。感情と行動がともなうことにより「主体性」になると考えます。洋書[3]で「学習者としての<u>主体的な感覚を持つ</u>」（have a <u>proactive sense</u> of oneself as a learner）（下線は引用者による）という表現があります。このような感覚は主体的な学習者としてのアイデンティティを持つことを示すものです。

●「主体性」と反転授業、アクティブ・ラーニング、ICT 教育

　反転授業に関する最初の書籍とされる『Flip Your Classroom』[4]には、上記の主体性を表す3語が用いられている段落があります。以下にそれを紹介します。

　　　「習得を目的とした反転授業では、学びの責任は生徒に置かれる。成功を得るためには、生徒は自らの学びに<u>責任を負わなければならない</u><u>（take responsibility for）</u>。生徒の中には、生まれて初めて、教育を<u>自分のものにすること（take ownership of）</u>を求められるものもいる。

3　L.Dee Fink（2013）*Creating Significant Learning Experiences: An Integrated Approach to Designing College Courses, Revised and Updated,* Jossey-Bass

4　Jonathan Bergmann and Aron Sams（2012）*Flip Your Classroom: Reaching Every Student in Every Class Every Day,* International Society for Technology in Education（ジョナサン・バーグマン、アーロン・サムズ著、山内祐平、大浦弘樹監修、上原裕美子訳（2014）『反転授業』オデッセイコミュニケーションズ）

もはや、学ぶことが自由に対して課せられるものではなく、むしろ、学ぶこと自体が挑戦となり、その扉を開け、探求していくものとなる。学習過程に関して、教師が<u>その主導権（control of）</u>を手放すと、それを手にするのは生徒になる。そして教育は生徒自身のものとなる。」（拙訳）（下線は引用者による）

　このように、米国の反転授業の実践において、「責任、自分のものにする（所有）、主導権（コントロール）」がキーワードとして浮かび上がります。主体性（proactivity）という言葉は書かれていませんが、これらのキーワードからその意味合いを読み取ることができます。要するに、反転授業で学習成果を得るためには、生徒の主体性が求められるということです。決して、反転授業が生徒の学習における成功をもたらすのではなく、学習に対して主体性を持つ生徒が反転授業を通して成功するということです。

　このことは、序章の「これまでの反転授業の振り返り」の3番目の視点として述べたことですが、アクティブ・ラーニングやICT教育においても当てはまります。すなわち、アクティブ・ラーニングやICT教育を行うから、生徒が主体的に学び、学習成果を上げるのではなく、「主体的に学ぶ生徒」こそが、アクティブ・ラーニングやICTを通して学習成果を上げるということです。両方ともあくまでも教育方法であるため、日頃からの学びに対して、生徒の主体性を育む工夫を教師がする必要があります。そのために欠かせないのが、教師の学びに対する主体性です。「主体的な学び」を行うロールモデルとして教師の役割は、非常に大きいのです。

まとめ

① 「主体性」を構成するものは、「コントロール」「所有」「責任」です。これら3つの名詞に共通する英語の動詞は、「take」（取る）です。「主体性がある」とは「コントロールする」「所有する」「責任を取る」という意味合いがあります。さらにこれらの感覚（sense）を持つことがアイデンティティの一部を形成します。

② 「反転授業によって生徒は主体的に学習して成長するのではなく、主体的に学習する生徒が反転授業によって成長する」ことから、主体的に学習する生徒の育成が求められます。

第3章
対話的な学びと問学

提言7：対話的な学びでの「問い」の役割を知る

● 「対話的」の英語は「interactive」あるいは「dialogic」か？

　前章では、学びに関しての「主体性」について様々な観点を述べましたが、この章では、「対話的な学び」についての考えを述べます。文部科学省が言及する学びが「アクティブ・ラーニング」から「主体的・対話的で深い学び」に展開していますが、その中央に位置するものが「対話的な学び」です。

　文部科学省の英語版ホームページには、文部科学省の概要を英語で説明するデジタルパンフレット[1]があります。それを参照すると、文部科学省が「主体的・対話的で深い学び」をどのように表現しているかが分かります。それは、「proactive, interactive, and authentic learning」です。

1　MEXT（文部科学省）（2019）「Overview of the Ministry of Education, Culture, Sports, Science and Technology」8頁　https://www.mext.go.jp/en/about/pablication/__icsFiles/afieldfile/2019/03/13/1374478_001.pdf（2020年1月28日閲覧）

　「対話的」は「interactive」（インターアクティブ）と表現されていて、著者が考える「dialogic」（ダイアロジック；対話的）とは異なります。

　英和辞典[2]では、「interactive」は、①「相互作用を活用した、相互に影響し合う。」②「［コンピュータ］対話方式。」、このような2つの訳が載っています。

　一方、英英辞典[3]では、①「（コンピュータ科学）コンピュータやテレビなどのコミュニケーションシステムと使用者の間において双方の情報のやり取り（two way transfer of information）が継続的に行われること」②「（二人以上や二つ以上の力などが）互いに影響を与える、もしくは、近い関係にある」（拙訳）とあります。

　確かに日英両方の辞典では、「対話」や「やり取り」の意味を示すものはあるのですが、それらはともにコンピュータ用語として扱われています。その意味以外には「相互に影響を与える」の意味が書かれています。すなわち、インターアクティブは、「アクティブ」に「インター（相互の）」を加えられた単語です。「インター（相互の）」＋「ナショナル（国家の）」＝「インターナショナル（国際的な）」と同じような語形成です。

　「インターアクティブ・ラーニング；対話的な学び」を「互いに影響を与える学び」とするならば、そのようなものとして理解できます。それならば、「互いに影響を与える学びとは何か？」という問いが生まれ、対話的な学びの具体的な内容を吟味することになります。

　「主体的・対話的で深い学びの実現（『アクティブ・ラーニング』の視点からの授業改善）について（イメージ）（案）」によると、

2　南出康世編集主幹（2014）『ジーニアス英和辞典』（第5版）大修館書店

3　Collins UK and Mark Forsyth（2014）*Collins English Dictionary（complete and Unabridged, 12th Edition）*. Harper Collins UK

　【対話的な学び】他者との協働や外界との<u>相互作用</u>を通じて、自らの
考えを広げ深める、対話的な学びの過程が実現できているかどうか。
　【対話的な学び】子供同士の協働、教師や地域の人との<u>対話</u>、先哲の
考え方を手掛かりに考えること等を通じ、自らの考えを広げ深める
「対話的な学び」が実現できているか[4]。（下線は引用者による）

　以上の文言が書かれています。上段の【対話的な学び】に「相互作
用」が出てくるので、この意味で「インターアクティブ」を使用して
いるかもしれません。しかし、新たに整理された下段の【対話的な学
び】では、「相互作用」の印象はなくなります。ここでは、「対話」が
現れ、対話的な学びに直結しているように思われます。
　それでは、「『対話的』の英語は何か？」となりますが、それは、
「dialogue」（ダイアローグ；対話）の形容詞である「dialogic」（ダイア
ロジック；対話的）です。著者は、「対話的な学び」の英語は「dialogic
learning」（ダイアロジック・ラーニング）だと考えています。

●対話：ダイアローグ

　「対話的な学び」は「ダイアロジック・ラーニング」だと考えるの
は、「ダイアローグ；対話」の概念が学びに大きく寄与するからです。
それでは、以下に、学びに対する「ダイアローグ；対話」に関しての
2つの考えを紹介します。
　1つは、「学びの共同体」を推し進めている、教育学者である佐藤
学氏が提唱する「学びの三位一体論」[5]です。それは、「対象との対話」

4　文部科学省（2016）「5月9日教育課程部会高等学校部会資料B」https://www.mext.
　go.jp/b_menu/shingi/chukyo/chukyo3/075/siryo/__icsFiles/afieldfile/2016/05/30/1370945_8.
　pdf（2020年1月28日閲覧）

5　佐藤学、岡野昇（2010）「『学びの共同体』づくりの改革——改革のヴィジョン」
　http://www.cc.mie-u.ac.jp/~ln20104/kaikaku.pdf（2020年1月28日閲覧）

「他者との対話」「自己との対話」から成り立つ学びを指します。

　著者は、教員向けの研修会などで「学びの三位一体論」を簡単に体験してもらうために、**図3-1**についての間違い探しの活動を行っています。まず初めに、2枚のイラストを見て、異なる箇所を個人で考えます。その次に、他の人と答えを教え合う時間をとります。最後に、正解を述べた後「これらの活動から何を得たのか？」を個人で考えます。

図 3-1　間違い探し

出典：やんちゃワーク（https://yanchawork.com/）

　これらの活動から、最初が「対象との対話」（今回は間違い探しの画像です）、2番目が「他者との対話」（答えを教え合うことにより、正解をより多く知ったり、確認したりする）、そして最後が、「自己との対話」（今回は振り返りになります）を簡単に一通り体験したことになります。十分な「学びの三位一体」とは言えないまでも、このような活動を通して「対話的な学び」を理解する手掛かりを得ることが可能です。

　もう1つの「対話」についてのポイントは、対話には、4つの行動
――① 聞く；② 大事にする；③ 保留する；④ 出す――があるとい
うことです。この4点は、前野隆司氏と保井俊之氏の対談による著
書[6]で述べられ、以下がその箇所です。

　　「アイザックスはこれまでの対話のありかたを変え、新しいダイア
　　ローグの場をもたらすために必要な4つの行動を構造化して提示し
　　ました。それが聞く（listening）、大事にする（respecting）、保留する
　　（suspending）、出す（voicing）です。これを実践すると、振る舞いが
　　変わり、そして直感的に気づき、これまで見えなかったことが『なる
　　ほど』と納得できるようになるというんです。」

　「学びの三位一体をなす、対象との対話、他者との対話、自己との対話」
と「対話に必要な行動である、聞く、大事にする、保留する、出す」は
「対話的な学ぶ」を行ううえで非常に役立つものです。

●対話と問学

　「対話的な学び」を「ダイアロジック・ラーニング」とし、「ダイア
ローグ；対話」の意味を考える上で、ウィリアム・アイザックス氏に
よる著書[7]がヒントになります。対話と問学は密接な関係にあります。
そのように考えるのは、同書で「ダイアローグ；対話」の定義を以下
のようにしているからです。

　　「私がこの書で定義する対話とは、共有される問い（inquiry）につ
　　いてのことである、つまり、ともに考え、ともに内省する方法につい

6　前野隆司、保井俊之著（2017）『無意識と対話する方法』ワニブックス

7　William Issacs（1999）*Dialogue: The Art of Thinking Together*,　Currency

てである。対話は決して他の人<u>に対して</u>（to another person）することではない。他の人<u>とともに</u>（with people）するものである。」（拙訳）（強調部分は原書のまま）

「対話は問いの生きた体験である。それも<u>人の内面に</u>（within）生じるものであり、かつ<u>人との間に</u>（between people）生じるものである。」（拙訳）（強調部分は原書のまま）

　上記の記述から、「ダイアローグ：対話」は「問い」のことだと言えます。対話は自己への問い、他者への問い、さらに他者からの問いから成り立つものです。問いにより、考える行為が生まれます。逆に言えば、考える行為の背後には、必ずと言っていいほど「問い」が存在するということです。だからこそ、アイザックス氏による定義には、「共有される問い」の後の言い換えとして「ともに考え、ともに内省する方法」と続くわけです。

　対話が自分への問いと他者との問いであると考えると、問学と対話の関係が見えてきます。「問い」が「対話」を成り立たせるのに中心的な役割を果たすならば、「学び」は「対話」の成果です。問いが推し進める対話を通して、何を得るのか。それは、知識なのか、スキルなのか、智恵なのか、あるいは、それ以外のものなのか。これらを検証することで、さらにより良い問いが生まれ、より良い対話となり、より良い学びとなっていくでしょう。

　このように考えると、「対話」と問いを含む「問学」が密接な関係にあることが分かります。

まとめ

①「対話的」の英語は、「interactive」より、むしろ「dialogic」であるとする方が、「対話的な学び」を考える上でより役立ちます。

②「対話的な学び」には、「対象との対話」「他者との対話」「自分自身との対話」から成り立つ学びを指します。

③対話には、①聞く、②大事にする、③保留する、④出す、の４つの行動があります。

④対話の定義には「問いの生きた体験である」とするものがあり、これから、対話と問学は関係深いことが分かります。

提言8：「問い」についての考えを深める

●正しい問いを立てる

「対話」において「問い」が重要な役割を果たしていますが、「問い」の中でも、「正しい問いを立てること」（asking the right question）が重要です。洋書を読んでいると頻繁にこの表現に遭遇します。例えば第2章提言5で紹介したフリードマン氏の著書では、下記の引用のようにその表現があります。

> 「21世紀では、全ての答えを知ることでは、人の頭の良さは区別できない。むしろ、正しい問いを立てる能力こそが、真の意味での天才（頭の良さ）を示すものになるであろう。」（拙訳）（下線は引用者による）

序章で引用した、マサチューセッツ工科大学教授マカフィー教授の著書[1]にもあります。

> 「より多くのデータが利用できるにつれ、また経済が変化し続けるにつれて、正しい問いを立てる能力はいっそう重要になるだろう。」（拙訳）（下線は引用者による）

同書には、「問い」の重要性について述べた箇所があります。

1　Erik Brynjolfsson and Andrew McAfee（2014）*The Second Machine Age: Work, Progress, and Prosperity in a Time of Brilliant Technologies*, W W Norton & Co Inc（エリック・ブリニョルフソン、アンドリュー・マカフィー著、村井章子訳（2015）『ザ・セカンド・マシン・エイジ』日経BP）

　「我々は、これからの雇用者は、才能がある人材を探す時に、啓蒙主義の時代の賢人であるヴォルテールの名言に従っていくと考えている。その名言とは、「人を判断するには、その人の答えではなく、その人の<u>問い</u>（questions）によって、なすべきである。」（拙訳）（下線は引用者による）

　「問学」という言葉を思いつくきっかけとなった本[2]の著者は、「正しい問い」を名にいれた研究所 The Right Question Institute（RGI）の所長を務めています。この本から「問い」によって「メタ認知」が促進されるなど、「問い」の大切さを再認識しました。そして、「学び問う」の「学問」について考えを巡らせる時に、「学問」の文字を逆にした「問学」を思いつきました。

　その本には、経営学の泰斗（たいと）である故ピーター・ドラッカー氏の言葉が紹介され、その中にも「正しい問いを立てる」が出てきます。

　「経営の失敗における最も一般的な原因は、正しい答えを見つけることができないことではない。<u>正しい問いを立てる</u>ことができないことだ。」（拙訳）（下線は引用者による）

　反転授業研究会・問学教育研究部のサブタイトルは、「Ask more, Learn more. Ask better, Learn better, Live better.」（より多くを問い、より多くを学ぶ。より良く問い、より良く学び、より良く生きる。）としています。「正しい問いを立てる」には、日頃から「より多く問い」

2　Dan Rothstein and Luz Santana（2011）*Make Just One Change: Teach Students to Ask Their Own Questions*, Harvard Education Press（ダン・ロスステイン、ルース・サンタナ著、吉田新一郎訳（2015）『たった一つを変えるだけ——クラスも教師も自立する「質問づくり」』新評論）

「より良く問う」ことから始まります。

●問いかける際の注意

　対話においての「問い」の大切さを述べましたが、何でも「問い」かけをすればよいというものではありません。当然ながら、大切なのは、「人を傷つけるのでなく、人を活かすための問いかけをする」ことです。

　人は他人だけでなく、自分自身も含みます。問いや質問は、両刃の剣の側面を持ちます。人を傷つける問いもあれば、人を活かし、向上させる問いもあります。概して質問が嫌がられる場合、それは質問される人が質問に答えられなくて恥をかくと感じることやその人自身が責められると感じることに起因します。

　その一方で、組織文化などの大家である、マサチューセッツ工科大学のエドガー・H・シャイン名誉教授の著書[3]では、相手に対する好奇心や関心から質問することで相手を引き出す「謙虚な問いかけ」（humble inquiry）を奨励しています。その問いかけの目的は、信頼につながる関係を築くことであり、それがより良いコミュニケーションや協働につながる、と述べています。

　シャイン氏の書籍は、生徒に向けて書かれたものではありませんが、学校教育に関わる全ての者に役立ちます。生徒間のみならず教師と生徒間でのコミュニケーションや協働活動を促進するうえでの「謙虚さ」は重要です。それは信頼関係を築くのに役立つからです。

　「問い」には、それを発する者の人間性が反映されます。知識、情報、あるいは真実を求める問いは、人に向けられる場合、人間関係の

3　Edgar H. Schein（2013）*Humble Inquiry: The Gentle Art of Asking Instead of Telling*, Berrett-Koehler Publishers（エドガー・H・シャイン著、金井壽宏監訳、原賀真紀子訳（2014）『問いかける技術——確かな人間関係と優れた組織をつくる』英治出版）

構築あるいは破壊をもたらす両刃の剣となります。

　この両刃の剣の側面をよく理解し、相手を重んじ「謙虚に問いかける」ことによって「信頼」が醸成されます。これにより、21 世紀に必要な能力とされる「コミュニケーション力」と「協働する力」の源泉を手に入れることが可能になります。人との対話においてこのような問いかけを念頭に置くべきです。

●東洋と西洋の「問い」の接点

　問いに関して、対話とは少しずれるかもしれませんが、禅仏教と西洋の詩人からの言葉を引用し、東洋と西洋の「問い」についての考え方を紹介します。

　2007 年に亡くなった臨床心理学者の河合隼雄氏は、日本におけるユング派心理学の第一人者であり、箱庭療法を日本に紹介するなど、カウンセリングの発展、普及に大きく貢献されました。その河合氏の著書から非常に面白い表現に出会いました。「答えは問処にあり」という表現です。臨床心理家からの質問に答えるという形式で編集された書籍[4]で、その言葉が出てくる箇所が以下です。

　　「本文中、川嵜さんへの答えのところにも書いたが、禅の『答えは問処にあり』という言葉を私は好きである。質問者の臨床経験を反映しつつ、各質問にはすでに答えが含まれているのだ。そして、おもしろいことに私の答えは、そこで終わるものではなく、あらたな問いを喚起するようなものになっている。質疑応答は終わることなく続く。これが心というものである。」

　　「禅では、『答えは問処にあり』と言われます。つまり、答えは問う

4　河合隼雄著（2000）『人の心はどこまでわかるか』講談社

ところにあるというわけです。川嵜さんにしても、いかに質問しているようで、答えは自らもっておられます。問いの中に答えを内包しながら問うているわけです。」（下線は引用者による）

　対話や問学をするに当たって、問いは大きな意味を持ちます。その問いをどのように捉えるかも大切です。禅にある「答えは問処にあり」という言葉には、河合氏は、「質問に答えが含まれている」「質疑応答は終わることなく続く」と語り、その価値を伝えています。
　東洋の禅に対し、西洋（オーストリア）の詩人であるリルケは「問いを生きる」[5]ことについて以下のように語っています。この「問いを生きる」（Live the questions）という表現は、洋書[6]で引用され、英語圏でも知られる表現です。

　　「あなたはまだ本当にお若い。すべての物事のはじまる以前にいらっしゃるのですから、私はできるだけあなたにお願いしておきたいのです、あなたの心の中の未解決のものすべてに対して忍耐を持たれることを。そうして問い自身を、例えば閉ざされた部屋のように、あるいは非常に未知な言語で書かれた書物のように、愛されることを。今すぐ答えを探さないで下さい。あなたはまだそれを自ら生きておいでならないのだから、今与えることはないのです。すべてを生きるということこそ、しかし大切なのです。今はあなたは問いを生きて下さい。そうすればおそらくあなたは次第に、それと気づくことなく、ある遥かな日に、答えの中へ生きて行かれることになりましょう。おそらく

5　リルケ著、高安国世訳（1953）『若き詩人への手紙・若き女性への手紙』新潮文庫
6　例えば、Warren Beger（2014）*A More Beautiful Question: The power of inquiry to speak breakthrough ideas*, Bloomsbury（179頁）や Michael Harris（2014）*The End Of Absence: Reclaiming what we've lost in a world of constant connectin*, CURRENT（80頁）に「Live the questions」の表現が出てきます。

あなたはご自身の中に、造型し形成する可能性をもっていらっしゃる
ことと思います、特別に幸福な純粋な生の一つの在り方として。これ
へ向かって御自身の芽をお伸ばし下さい。」（下線は引用者による）

　禅仏教と西洋詩人からの言葉でありますが、「答えは問処にあり」
と「問いを生きる」は、答えを追うのでなく、むしろ問いに注意を向
けることで答えを得るという意味で、西洋と東洋の間で「問い」の考
えについて類似点を見出すことができます。これらの言葉から「問う
こと」自体の価値を感じ取ることができます。

まとめ

① 問いの中でも、「正しい問いを立てること」が大切です。

② 問いかける際の注意点として、「謙虚に問いかけること」
で、信頼につながる関係を築き、それがより良いコミュニ
ケーションや協働につながります。

③ 「問いを生きる」と「答えは問処にあり」の言葉は、「問
うこと」自体の価値を教えてくれます。

提言９：「主体的・対話的で深い学び」と「探究学習」は「問学」と密接に関係する

●「主体的・対話的で深い学び」と「問学」

　次章では「深い学び」について考察しますが、その前に「主体的・対話的で深い学び」を合わせた学びと「問学」との関係について述べることにします。結論を言うと、「主体的・対話的で深い学び」を実現する方法として、「問学」は極めて有効であるということです。以下がその理由です。

　「問うこと」と「学ぶこと」を合わせた「問学」は、問うことで学びが促進され、学んだことを土台にしてさらなる問いが生まれ、学びがよりいっそう促進されるものです。これは、らせん階段を上るようなイメージです。その過程で、基礎的な知識やスキルを身につけるだけでなく、より高度な知識やスキルも体得しながら、その先に、学ぶ対象の本質をつかみ、正しい判断を可能にする智恵の獲得を目指すものです。

　学ぶ対象の「知識、スキル、智恵」を得るためにある「問学」は、「主体的・対話的で深い学び」と密接な関係があります。自ら「問う」ことによって、「リアクティブ；反応的」ではなく「プロアクティブ；主体的」な態度になるからです。また、「対話的な学び」において「対話は、共有される問いである」ので、問いによって「対話的」になります。問いを通した「主体的・対話的な学び」によって得た知識やスキルなどを踏まえ、そこからさらなる問いが生まれます。これは、「問い」→「学び」→「問い」→「学び」→「問い」…という一連のサイクルになります。このサイクルを繰り返す過程を経て、より深い知識や高度なスキルなどを得ることができれば、それが「深い学

び」となるのです。学びの深さは、以前の学びとの比較となるので、学びの成果を示すものとなります。

　このように、問いと学びによってどのような心の働きをなすのかを知れば、「主体的・対話的で深い学び」を実現するためのヒントが見つかるでしょう。以上のことを踏まえると、「主体的・対話的で深い学び」は「問学」と深く関わるものと考えられるのです。

●「探究学習」と「問学」

　学習指導要領改訂に伴い高校では「総合的な学習の時間」は「総合的な探究の時間」に変更されました。変更後の「探究学習」において重要な役割を担うのが「リサーチ・クエスチョン」です。しかし、多くの生徒が課題研究や卒業論文においてテーマを決め探究作業を進める際に「リサーチ・クエスチョン」にたどり着くまでが大変であるようです。

　リサーチ・クエスチョンを思いつくのに苦労する理由の1つは、日頃から好奇心を持ったり、疑問を持ったりすることがあまりないからです。幼いころは、色々なものに好奇心を持ったり、疑問を持ったりしていたのが、いつの間にか周囲の環境に順応し、そのようなことが少なくなっていきます。そのような状況で、いきなり「リサーチ・クエスチョンを出しなさい」と言われても、思いつくのに苦労をするのは当然なことです。

　日頃から色々なものに好奇心を持ち、疑問を持つ習慣を身につけるには、意識的に「問う」態度を身につけることです。問いの定義「真理、情報、あるいは知識を求めること、あるいは要求すること」の中で、真理を求める問いよりも情報または知識を求める問いのほうが簡単に始められます。数多くの情報や知識についての問いの中から、真理を求める問いが生まれる可能性が高くなります。その際の問いが

「リサーチ・クエスチョン」の候補になります。

　情報や知識を求める問いを続けると問いの習慣を身につけやすくなります。しかし、ただ「問う」だけではなく、「問い」の結果、情報や知識、あるいは真理を得てどのような「学び」につながるのかをよく理解することで「問い」の質が上がります。「問学」の価値を知り、その態度を身につけることから探究学習の核となる「リサーチ・クエスチョン」にたどり着く道が開かれるのだと考えます。

まとめ

① 学ぶ対象の「知識、スキル、智恵」を得るためにある「問学」は、「主体的・対話的で深い学び」と密接な関係があります。

② 「探究学習」おいて重要な「リサーチ・クエスチョン」にたどり着くには、「問学」の習慣がその一助となります。

第4章
深い学びとICT教育

提言10：「深い学び」の要点を知る

●参照点と問い

　著者は「深い学び」の英語を直訳して「deep learning」（ディープ・ラーニング）としていますが、ディープ・ラーニングと言うと、AI（人工知能）の機械学習を思い浮かべる人もいるかもしれません。AIの場合は「深層学習」と訳されています。もし「深層学習」の英語表現と異なるものを考えると、「deeper learning」（ディーパー・ラーニング；より深い学び）も可能です。過去より現在、現在より未来にわたって、学習者の学びがより深くなるという意味を伝えるには「ディーパー・ラーニング；より深い学び」もあり得ます。

　いずれにしても、「深い学び」とは何かを考える際に、参照点をどこに設定するかが不可欠になります。「深い学び」に携わる者が、各々が参照点を持ち、深い学びを判断・評価すると混乱が起こりうるからです。何を基準に「より深い」のかを常に念頭に置きながら、学びを深化させていくのに何が必要であるかを知ることも必要になりま

す。学びを深化させるものに、「問い」があります。「問い」→「学び」→「問い」→「より深い学び」→「問い」→「さらに深い学び」…という、ある学びの連続がより深いものとなるのが分かります。

　深い学びは、あることについて過去の学びから現在の学び、そして未来の学びと連綿と続くことにより得ることができるのです。そのためには、参照点や問いを持つことが不可欠になります。

●浅い学びとの比較

　「深い」と「浅い」の言葉を対比して、学びにおいてそれらをもたらすものがあります。それは「注意力」（attention）の使い方です。

　ニコラス・カー氏による書『The Shallows』[1]の副題が、「インターネットがわたしたちの脳にしていること」になっています。カー氏は米国人の著述家で、インターネットを含むテクノロジーと人の関係について独自の洞察力を持つ方です。同氏がインターネットを使っていると、あることに気づきました。それは、思考が浅くなっているということです。

　例えば、ネットである事項を調べていると、ハイパーリンクで別のことをすぐにアクセスすることができます。ハイパーリンクで次々と色々な情報を追っていくと、最初に触れていた情報の内容とは全く関係のない情報に触れることになってしまうことがあります。その結果、最初に調べていた事項のことについては、そこで思考が停止します。ハイパーリンクで次々に他の情報にいかなければ、当初の事項について　より時間をかけ、より深く理解や考えが進んでいたことでしょう。

　そのことをカー氏は気づき、まさに「浅い」の意味を表す

1　Nicholas Carr（2010）*The Shallows: What the Internet Is Doing to Our Brains*, W W Norton & Co Inc（ニコラス・カー著、篠儀直子訳（2010）『ネット・バカ──インターネットがわたしたちの脳にしていること』青土社）

「shallow」の単語を本のタイトルに用いました。この本はピュリッツァー賞の最終候補にあがり、ベストセラーにもなりました。

　この事例から、「深さ」と「浅さ」の違いは、ある事項についてより時間をかけるかどうかによると考えられます。例えば、2時間を使い、1つの事項を取り組む場合と、全く関係のない事項を複数取り組む場合、当然、深さに違いが出てきます。2時間を1で割るほうが、2、3、4、5、…で割るよりも、数字が大きくなるので、それが「深さ」と「浅さ」の違いとなります。割る分母の数字が大きくなるほど、1つにかける時間が分散されるので、それだけ浅くなります。

　インターネットは、この分母をより大きくし、時間を分散させることがあります。ハイパーリンク以外にも、メールやSNS（ソーシャル・ネットワーキング・サービス）のやり取りも、浅さに寄与します。例えば、学習や仕事をしている最中に、メールが入り、それを読み返事を書いたり、LINEのメッセージを読んだり返事をしたりすれば、学習や仕事が中断されます。それは、上記の例で言えば、分母が増えることと同じです。当然、メールやLINEで使った時間をかけなければ、それまでの学習や仕事を中断することなく進めることができたでしょう。このことが、「深さ」と「浅さ」の違いです。言い換えれば、1つのことに集中力を維持するかしないかになります。この場合の集中力の英語は「concentration」よりむしろ、「focused and sustained attention」（一点に集中した、しかも長く続く注意力）という表現をよく見かけます。

　学習や仕事を深めるために「集中力を維持する」と言うのは簡単ですが、Society 5.0と呼ばれるAI（人工知能）とIoT（物のインターネット化）が牽引する社会では、情報があふれ、色々な情報に振り回されがちになります。このような社会では、「深く」なることは非常に困難です。それは「深い学び」においても当てはまります。この困難を

克服するヒントは、今教育界で話題の「非認知能力」にあります。これについては、〈提言16：非認知能力をスキルとして伸ばすことができる〉で詳しく述べます。

まとめ

① 「深い学び」には、参照点をどこに設定するかが不可欠になります。「深い学び」に携わる者が、各々が別々の参照点を持ち、深い学びを判断・評価すると混乱が起こりうるからです。

② 「深い学び」は、あることについて過去の学びから現在の学び、そして未来の学びと連綿と続くことにより得ることができるものです。

③ 学びにおける「深さ」と「浅さ」の違いは、「一点に集中した、しかも長く続く注意力」（FSA：focused and sustained attention）を持つかがカギを握ります。

提言 11：「深い学び」を得るには「注意力」 （attention）が欠かせない

●「一点に集中した、しかも長く続く注意力」（FSA：focused and sustained attention）

　著者に人生を決定づけるのに極めて重要である語「注意力」 （attention）を気づかせたのは、次の文章です。

　　「注意力（attention）の重要性は、目新しい考えではない。1890 年に、 ウィリアム・ジェームズは、心理学についての最初の古典的教科書を 著し、その中で次のことを述べている。

　　『焦点が定まらない注意（attention）を絶えず定めることができる 能力は、まさに、判断力、品性、そして意志の根源となるものである。 その能力を持たなければ、自分自身を修めることは誰もできない。こ の能力を向上させることを理想とする教育こそが、一段と優れた教育 であろう。』

　　ジェームズは、究極の教育として、注意（attention）を一点に向け ることができることの重要性を認識しており、さらにその重要性は、 『判断力、品性、そして意志』の発達を支えるものとして認識してい た。」[1]（拙訳）

　「プラグマティズム」でアメリカの思想に大きな影響を与えたジ ェームズが、これを書いたのが 100 年以上の前の 19 世紀の終わりです。 それから 1 世紀以上が経ちましたが、その重要性はいっそう増してい

1　Craig Hassed（2015）*Mindful Learning: Mindfulness-Based Techniques for Educators and Parents to Help Students*（Reprint）, Shambhala

ます。インターネットによって絶えずつながり、注意散漫になり、そのために「深い思考」や「深い学び」の阻害要因となっているからです。スマートフォンやタブレット端末などのデジタル機器の絶えない使用により、文部科学省が掲げる「主体的・対話的で深い学び」を行うのが、困難になることが予想されます。

　なぜなら、絶えずデジタル機器を使用することで、情報過多になり、注意力が短くなり、分散される恐れがあるからです。ながら勉強やながら仕事といった、同時に複数のことを行う行為は、英語で「multitasking」（マルチタスク）と言われますが、実は、注意力が複数に同時に向けているのではなく、交互に注意を向けているに過ぎないことが指摘されています[2]。

　「短い注意力」や「注意散漫」の反対語が、「一点に集中した、しかも長く続く注意力」（FSA）です。おそらく、ジェームズはこの注意力を鍛えることが重要であると言いたかったのでしょう。著者はこの注意力を、自らの人生で意味や価値のあることに向けることが、人生を大きく左右すると考えています。

●「注意力が持つ人を変容させる力」（TPA：transformative power of attention）

　別の洋書[3]から得た「注意力」に関する言葉を紹介します。それは、「注意力が持つ人を変容させる力」（TPA：transformative power of attention）です。このフレーズが使われている箇所が以下です。

2　Craig Hassed（2015）*Mindful Learning: Mindfulness-Based Techniques for Educators and Parents to Help Students*（Reprint），Shambhala

3　Ian Leslie（2014）*Curious: The desire to know and why your future depends on it*，Basic Books（イアン・レズリー著、須川綾子訳（2016）『子どもは40000回質問する──あなたの人生を創る「好奇心」の驚くべき力』光文社

「ワード氏のブログのタイトルは、ワーフル氏のブログ『私は退屈な物が好き』の発言から借りたものである。ワーフル氏は自分が考えることができる、最も退屈でありふれた物——例えば、スープの缶など——を取りあげ、何百万人もの人にそれを新たな視点で見るようにさせてきた人物である。だが、ワード氏は、退屈な物と言われても、注意を払わずに、彼はただ退屈に思えるものだけを考えていた。ワード氏は、前衛的芸術家であり作曲家でもあるジョン・ケージ氏の言葉を引用する。『もし、何かが２分経ってもう退屈ならば、４分頑張って下さい。それでも、退屈なら、８分頑張って下さい。それから、16分、32分…ついには、それが全く退屈なものではないことを発見するでしょう。』

ワード氏はこれを『注意力が持つ（人を）変容させる力』（the transformative power of attention）と呼んでいる。駐車場のゴミ場の屋根、ハンドドライヤー、牛乳など——手にすることができるものは何でも、それらに注意を払うことによって、それまで隠れていた興味関心、意義、美しさを知ることができる、と同氏は語っている。」（拙訳）

前半に分かりづらい文を引用しましたが、ポイントは「注意力が持つ（人を）変容させる力」、つまり、「注意を払えば、今まで見えていなかったものが見えてくる」ということです。

この文章から著者が考えたことは、ただ単に「注意」を払うだけでなく、「一点に集中した、しかも長期間続く注意力」（FSA）を払うことによってもたらす、「変容する力」（TPA）が、その人に「新たな知識、スキル、智恵」を与えるということです。知識、スキル、智恵を獲得することは、「問学」が目指すものですが、その達成には、これらの「注意力」は不可欠です。しかし、インターネットとスマートフ

ォンなどのデジタル機器が普及し「情報過多」となる現代社会において、適切に「注意力」を行使することは、極めて困難になっています。現代ほど、100年以上前にウィリアム・ジェームズが指摘した「注意力をコントロールする能力」の重要性が問われる時代はありません。

まとめ

① 「深い学び」には「注意力」の使い方が大きく関係します。

② 「短い注意力」や「分散された注意力」は「浅い学び」をもたらし、「一点に集中した、しかも長く続く注意力」（FSA：focused and sustained attention）は「深い学び」をもたらします。

③ 「注意力」には、「注意力が持つ人を変容させる力」（TPA：transformative power of attention）があり、「注意力」を集中、継続させることによって、人の認識や能力の変容が生まれます。

④ 上記の「注意力」の重要性を考えると、ウィリアム・ジェームズが100年以上前に語った「焦点が定まらない注意を絶えず定めることができる能力は、まさに、判断力、品性、そして意志の根源となるものである。その能力を持たなければ、自分自身を修めることは誰もできない。この能力を向上させることを理想とする教育こそが、一段と優れた教育であろう。」は現在においても依然として当てはまります。

提言 12：ICT 教育での「深い学び」と「注意力」の関係を理解する

● 「深い学び」と「注意力」と「ICT 教育」の関係

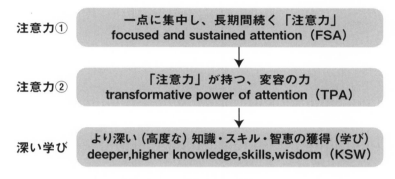

図 4-1 「深い学び」と注意力（attention）①
出典：著者作成

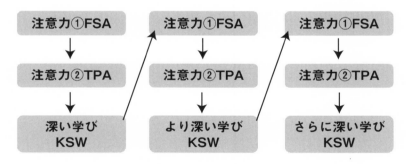

図 4-2 「深い学び」と注意力（attention）②
出典：著者作成

　図4-1と図4-2は、今まで述べてきました「深い学び」と「注意力」（attention）をまとめたものです。深い学びに関しては、様々な書籍が出版され、今後も出版されるでしょう。本書で述べたいのは、

「深い学び」をもたらすものです。ICT教育、反転授業、アクティブ・ラーニング、そして「主体的・対話的で深い学び」と児童・生徒・学生に対する学びについて、ここ数年、教育界で話題になっており、その教育のあり様に関して様々な議論が出ています。

　本書で「主体的に学ぶ生徒が反転授業によって成長する（反転授業によって生徒が主体的に学んで成長するのではない）」と強調してきました。反転授業だけではなく、何か目新しい教授法が現れるたびに、それにより、生徒が意欲的に学習に取り組み、成果を上がる期待が高まります。しかし、いったんその期待が外れると、再び別の教授法に目を向けるというサイクルが繰り返されます。

　拙著『反転授業が変える教育の未来』で書きましたが、学習の成果をもたらすには3つの要因が必要です。著者はそれをMMTと名付けています。反転授業は「方法」（Method）に関することであり、「マインドセット・心的態度」（Mindset）や学習に要する「時間」（Time）が考慮されていません。反転授業の成功のカギは、この2点をどうするのかにあります。ICT教育、アクティブ・ラーニング、そして主体的・対話的で深い学びにおいても同じことが言えるのです。

　「マインドセット」と「時間」の2点が、「方法」と密接に関係します。それらは、今まで述べてきました「一点に集中した、しかも長時間続く注意力」（FSA）です。「マインドセット」に関しては、「動機づけ」や「成長マインドセット；努力により成長するという考え」など様々なものを含みますが、学習する際においての精神状態は、「一点に集中した注意力」を行使している状態になっているはずです。その反対の「集中していない注意力」では、発明や閃きといった例外的な場合を除いて、学習効果を望むことは難しいと思われます。そして、「時間」においては、「長時間続く注意力」が必要となります。その反対は「短い注意力」です。いくら集中していたとしても、その時

間が短ければ、より多くの効果や成果を望むことには無理があります。

　ICT教育において懸念されるのは、タブレットなどのデジタル機器を使用することにより「注意力」が他の情報やメールを始めとするSNSのメッセージの邪魔が入ることで、「長時間続く注意力」ではなく、「短い注意力」に陥ってしまうことです。たとえ「長時間続く注意力」をしていたとしても、それが「マルチタスク：同時に複数のことを行うこと」になっていては、注意散漫状態であって、決して「一点に集中した注意力」とはなっていません。

　デジタル機器の多機能性は、調べ学習や発表など多様な目的使用を可能にする点が利点ですが、その多機能性が注意力の維持を妨げる場合、一転してマイナス面となります。

　様々な誘惑に負けず（これには「自制心」が必要です）、「注意力」を「一点に集中し」「長期間続ける」ことをすれば、「注意力が持つ（人を）変容させる力」（TPA）により、新たな（あるいは深い）知識、スキル、智恵を得る（学ぶ）ことができます。脳が持つ「可塑性」（plasticity）のためです。この一連の流れを表したのが、**図4-1**です。この流れを続けることにより（**図4-2**）、より深い学びとつながることが理解できると思います。

　これらから、「注意力」の状態をどのようにするのかという視点で持って「深い学び」を含め、ICT教育、アクティブ・ラーニング、反転授業などの教授法をどのように行うのかを考えていくことが重要となります。

●注意力をコントロールする力：自制心

　学ぶ際に、「一点に集中した、しかも長期間続く注意力」（FSA）と「注意力が持つ、人を変容させる力」（TPA）が「深い学び」と密接な関係があります。そして、「注意力」をコントロールする能力が大切

です。その大切さについては、ウィリアム・ジェームズの言葉を引用して述べました。それでは、注意力をコントロールする能力は何かというと、それは「自制心」（self-control）です。

　ウォルター・ミシェル氏らによって行われた有名な「マシュマロ実験」[1]で、幼児からの自制心の重要性が知られるようになりました。「マシュマロ実験」とは、50年以上前にスタンフォード大学で5、6歳児に対して行われた実験のことです。それは、子供たちにマシュマロを目の前に置いて、大人がいない間に食べずに我慢することができれば、もう1つ食べることができると告げ、果たして子供たちはそれができるかを観察するものでした。大人がいない時にマシュマロを食べるというのは、「即座の満足感」（immediate gratification）を得ることを意味し、一方、大人が戻って来るまで我慢するのは、「即座でなく後の満足感」（delayed gratification）を得ることを意味します。この実験では、後者を選ぶ子供は、自制心があるとされ、前者はそうでないとされます。

　この実験のすごいところは、被験者となった子供たちが、それからどのような人生を送っているのかを追跡調査していることです。例えば、十数年後の高校生になった時には、マシュマロを我慢した子供たちのほうがそうでない子供たちに比べ、概して、大学入学に必要とされるSATの学科試験の成績が良かったなどの状況が明らかになりました。それは、実験の際の「即座ではなく後に得る満足感」で示された「自制心」が大いに関係するとされました。

　さらに、その子供たちが成人になってからも、追跡調査が行われ、実験で自制心を用いた子供たちは、概して、そうでない者と比べ、誘

1　Walter Mischel（2014）*The Marshmallow Test: Understanding Self-control and How To Master It.* Corgi（ウォルター・ミシェル著、柴田裕之訳（2015）『マシュマロ・テスト──成功する子・しない子』早川書房）

惑に負けず、集中力があり、知能は高く、自信を持ち、自らの判断に信頼を置き、さらに、人間関係において良好な関係を築き、問題が生じてもうまく対応している、ということが判明しました。

　上記に、集中力があるとされていますが、それは、集中しようとする時に、「注意をそらさないでいることができる」という意味です。注意をそらさないでいるということは、逆に言えば、「注意力を保つ」ということです。それも、「一点に注意力を定めて」ということです。ここから、「自制心」は「一点に集中した、しかも長く続く注意力」（FSA）を可能にするものであり、ウィリアム・ジェームズが言う、注意力をコントロールする力であることが分かります。

　それでは、自制心はどのようにして育むのか、が問題となります。子供の頃に得た自制心が、生涯、同じであれば、何もできなくなります。それについて、ミシェル氏は、哲学者デカルトの言葉である「我思う、故に我あり」を引用し、それを「我考える、故に現在の自分を変えることができる」と言い換えます。同氏は、考え方を変えることによって、私たちは感情や行動を変え、ひいては、現在の自分をも変えることができると言います。

　この主張の根拠に、脳の「可塑性」が挙げられています。その可塑性によって、自制心は、筋肉のように鍛えることができるということです。ミシェル氏は、それは「獲得できるスキル・能力」であると述べています。

　この考えは、21世紀の学びにおいて重大な意味を持ちます。近年の脳科学の発展により、脳の発達は青年期で終わり、脳力は固定するのではなく、生涯にわたり、変化しつづけることが判りました。これが脳の可塑性です。自制心だけでなく、能力・スキルや智恵を獲得できるのは、この脳の性質によります。

　次章では、新学習指導要領でのキーワードの1つとなっている「資

質・能力」をスキル（skills）に焦点を当て、「スキル論」として議論
を展開します。

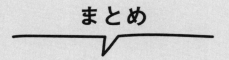

まとめ

① 「一点に集中した、長期間続く注意力」（FSA）と「注意
　力が持つ、人を変容させる力」（TPA）が「深い学び」と
　密接な関係があります。
② 「注意力」をコントロールする能力が大切です。その力は
　「自制心」です。
③ 脳の「可塑性」により、自制心は、筋肉のように鍛えるこ
　とができます。それは、「獲得できるスキル・能力」です。

能力とその育成
についての提言

第5章
スキル論

提言13：能力を「スキル」として考える

● 教育改革の背景

　繰り返しになりますが、「学ぶこと」は知識やスキルや智恵を得る、つまり、自分のものにする行為です。この流れを円滑にするのが「問うこと」です。

　中国の戦国時代の儒学者であった孟子（紀元前372年頃～前289年頃）は、「求めれば得ることができる。あきらめれば失う。」と述べたそうです[1]。孟子は教育現場で述べたかどうかは不明ですが、「求める」と「得る」の両者の行為が「問い」と「学び」に含まれています。「問学」は「求め、得る」行為であるため、あきらめることは学びの喪失を意味します。これからは学びがいっそう要求される時代です。学びの対象になるのは「知識・スキル・智恵」です。特に高度なスキル、すなわち高度な能力の習得が求められます。その背景については次の

1　新渡戸稲造著、山本史郎解釈（2017）『武士道的一日一言』朝日新書

ように考えます。

　2020年度は戦後教育の節目の年です。理由の１つには、小中高の学習指導要領改訂に合わせて、1979年に実施が始まった共通1次試験（その後はセンター試験）以来40年間続いてきた大学入試制度が変わることがあります。2021年には、センター試験に代わる共通テストが実施され、より思考力などに重きを置く方向に向かっています。

　その背景には、グローバル化やIT（情報技術）の進展による社会情勢の変化があります。AI（人工知能）の飛躍的な向上に伴い、人間の仕事の多くがAIやロボットに取って代わることが予想されています。さらに、日本国内では、急速に進む少子高齢化が大きな問題となっています。少子化によって生産性が低下し経済規模も縮小する一方、高齢化により社会保障制度などの維持が極めて難しくなります。

　共通1次試験が導入された頃は、日本が世界に追いつき、『ジャパン・アズ・ナンバーワン』という本がハーバード大学教授により上梓され、日本の経営や教育などが賞賛されました。それから10年くらいの「バブル経済崩壊」まで、世界での日本の存在感は増しました。日本を賞賛する動きがある一方で、「ジャパン・バッシング；日本たたき」という、日本の経済発展に対してアメリカを中心とした日本非難も現れました。しかし、バブル崩壊後は実感できる経済復活もなく、1990年代後半には「失われた10年」、その10年後は「失われた20年」、そして今や「失われた30年」になろうとしています。その間に中国が台頭し、「ジャパン・バッシング」から「ジャパン・パッシング；日本を通過」（通過して中国へ）、そして「ジャパン・ナッシング；日本の存在感がない」と言われるくらい、世界における日本の存在感が低下しました。

　日本の停滞には様々な理由がありますが、「グローバル化」の対応の遅れや「高度情報化社会」、ひいては、「知識基盤社会」への移行が

スムーズになされていないことが挙げられます。「グローバル・スタンダード」（世界標準）という言葉が20年くらい前によく聞かれましたが、2020年現在で日本はどの分野で世界標準に達しているのでしょうか？「知識基盤社会」に応じた企業が多数生まれたのでしょうか？　大学の世界ランキングや日本企業が大変苦戦を強いられているのを見聞きすると、時代の変化への対応の遅れを感じざるを得ません。

　これについては、教育が密接に関係します。なぜなら、教育は知識の習得と発展を担うからです。知識と言うと、「既存の知識を吸収する（した）もの」という印象付けられることが多いのですが、その意味だけではなく、「新たに生み出す（出された）知識」でもあるという捉え方が必要です。iPS細胞の発見とその実用化は、その一例です。科学的な知の創造を含む、新たな知識に基づき、変化し発展する社会が「知識基盤社会」です。AI（人工知能）やIoT（物のインターネット化）などは社会を大きく変えるものであり、内閣府はその変化する社会をSociety 5.0と呼んでいます。まさしく「知識基盤社会」が進展していきます。

　このような社会において、教育が果たす役割も変わる必要があります。例えば、新たな価値創造ができる人材を輩出することが喫緊の課題になっているため、生徒たちが単に既存の知識を得ることだけでなく、未知の知識を得る（発見・創造する）教育を行うことも求められます。2020年以降の教育改革はこのような背景があることを理解することが極めて重要です。

●21世紀型スキルと21世紀型能力

　前節では、新しい教育が必要である背景について述べました。その背景にあるのは、グローバル化とIT（情報技術）の進展です。野口悠紀雄氏は、「新興国の工業化や情報技術の進展といった世界経済の大

きな構造変化に、日本の産業構造が対応できていない。」と述べています[2]。言い換えれば、20世紀後半での日本の経済的成功体験から抜け出すことができないままで、製造業中心から脱し、新たな産業構造に転換できていないということです。

　教育に関して、アメリカをはじめ先進国はこの新たな状況にいち早く対応しようとしています。例えば、「21世紀型スキル」（21st Century Skills）と呼ばれる、21世紀社会に必要とされるスキルを身につけようとする動きが始まっています。このスキルでは、**図5-1**にある「学びとイノベーションのスキル」（Learning and Innovation Skills）での4Cs、つまり、「批判的思考、コミュニケーション、協働、創造性」（Critical Thinking, Communication, Collaboration, Creativity）は、これからの教育において重要視されています。

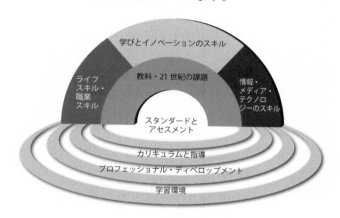

図5-1　21世紀型スキル
出典：http://www.p21.org/our-work/p21-framework

　本書では、この中では特に「批判的思考」（Critical Thinking）について第7章の提言20で扱います。海外と比べ日本では、この思考力に

2　野口悠紀雄（2017）『日本経済入門』講談社現代新書

ついての受容度や普及度が極めて低いので、日本の教育においてどのような視点が必要かを検討し提言します。

　「21世紀型スキル」に対し、日本では2013年に国立教育政策研究所が「21世紀型能力」（**図5-2**）を発表しています。

求められる資質・能力の枠組み試案

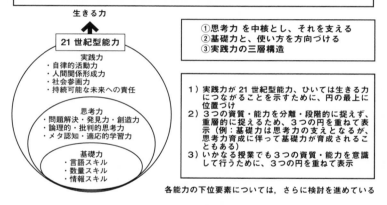

21世紀型能力：「生きる力」としての知・徳・体を構成する資質・能力から、教科・領域横断的に学習することが求められる能力を資質・能力として抽出し、これまで日本の学校教育が培ってきた資質・能力を踏まえつつ、それらを「基礎」「思考」「実践」の観点で再構成した日本型資質・能力の枠組みである。

生きる力

21世紀型能力

実践力
・自律的活動力
・人間関係形成成力
・社会参画力
・持続可能な未来への責任

思考力
・問題解決・発見力・創造力
・論理的・批判的思考力
・メタ認知・適応的学習力

基礎力
・言語スキル
・数量スキル
・情報スキル

① 思考力 を中核とし、それを支える
② 基礎力と、使い方を方向づける
③ 実践力の三層構造

1）実践力が21世紀型能力、ひいては生きる力につながることを示すために、円の最上に位置づけ
2）3つの資質・能力を分離・段階的に捉えず、重層的に捉えるため、3つの円を重ねて表示（例：基礎力は思考力の支えとなるが、思考力育成に伴って基礎力が育成されることもある）
3）いかなる授業でも3つの資質・能力を意識して行うために、3つの円を重ねて表示

各能力の下位要素については，さらに検討を進めている

図5-2　21世紀型能力

出典：国立教育政策研究所 (https://www.nier.go.jp/05_kenkyu_seika/pf_pdf/20130627_4.pdf)

　その能力では、「① 思考力を中核とし、それを支える；② 基礎力と、使い方を方向づける；③ 実践力の三層構造」を成し、それが「生きる力」になっていくとしています。「21世紀型能力」で注目すべきは「能力」という言葉です。国語辞典によると、「能力」は、

　① 物事を成し遂げることのできる力。事をなし得る力。有効にはたらく力。はたらき。才能。
　②（ 英 facultyの訳語）心理学で、知性・感情・記憶などの心理作用の実体として仮定されたもの。

③　法律上、一定の事柄について要求される人の資格。権利能力、行
　　為能力、責任能力、犯罪能力など。民法上は、法律行為を単独で完
　　全にすることのできる行為能力をいう。

としています。「21世紀型能力」と言う場合、明らかに①の「物事を
成し遂げることのできる力」の意味です。

　それに対して、欧米では「21世紀型スキル」（21st Century Skills）と
言われます。「能力」の直訳的な「abilities」とは言わずに、「skills」
になっています。「非認知能力」の研究で知られるジェームズ・J・
ヘックマン（James J. Heckman）[3] は、「アメリカ社会は、スキルのある
者（skilled）とスキルのない者（unskilled）に分けられている。」（拙訳）
と述べています。就職する際に「スキルがある」（skilled）か「スキル
がない」（unskilled）かが、その分かれ目とされています。高度なレベ
ルの仕事に就けるか否かは、「高いスキルがある」（highly-skilled）か
否かです。「低いスキル」（low-skilled）では極めて困難になります（図
5-3）。

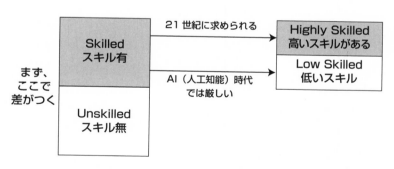

図5-3　スキル（Skills）の有無と高低

出典：著者作成

3　James J. Heckman（2013）*Giving kids a fair chance: A Strategy That Works*, MIT Press（ジェー
　ムズ・J・ヘックマン著、大竹文雄監訳、古草秀子訳（2015）『幼児教育の経済学』
　東洋経済新報社）

　スキル以外に「高い」「低い」の形容詞を用いるのが「能力」です。「21世紀型スキル」と「21世紀型能力」の表現から「スキル」と「能力」の互換性が高いと言えます。

●「～力」と「スキル」（skills）

　日本語で「能力」と同等あるいはそれ以上に頻繁に見かける表現は「力」です。例えば、最近よく言われる力に「コミュニケーション力」や「思考力」があります。「英語力」を「英語能力」と考えれば、「English language competence」や「English proficiency」などの英語表現になります。現行の英語教育改革では、英語の「4技能」を向上させる授業に向かっていますが、この「4技能」は「four skills」の和訳です。具体的には「読む・書く・話す・聞く」技能（reading, writing, speaking and listening skills）のことです。

　「コミュニケーション力」も英語で「communication skills」あるいは「communicative competence」と表現されます。「コンピテンス」（competence）は「能力」を意味します。これによく似た単語が「コンピテンシー」（competency）です。これも「能力」の意味です。OECD（経済協力開発機構）の提唱する21世紀型の能力は、「キー・コンピテンシー」（Key competencies）と呼ばれています（**図5-4**）。

　日本では文部科学省は「生きる力」を提唱し、その育成を求めています。英語版文部科学省パンフレット[4]では「生きる力」を「Competencies for living（Ikiru Chikara）」と言い表しています。これは、OECDの「キー・コンピテンシー」と同様な視点で「生きる力」を示しているようです。

4　英語版文部科学省パンフレット「Overview of the Ministry of Education, Culture, Sports, Science and Technology」https://www.mext.go.jp/en/about/pablication/__icsFiles/afieldfile/2019/03/13/1374478_001.pdf（2020年1月28日閲覧）

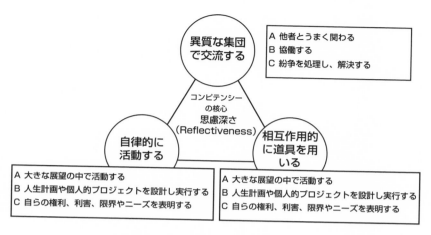

図5-4　3つのキー・コンピテンシー
出典：国立教育政策研究所（https://www.nier.go.jp/04_kenkyu_annai/div03-shogai-lnk1.html）

　海外に目を向けてみると、シンガポール教育省のカリキュラムの**図5-5**の中心に「ライフ・スキル」（life skills）を用いています。

図5-5　シンガポール教育省カリキュラム
出典：シンガポール教育省

WHO（世界保健機関）[5]でも「ライフ・スキル」（life skills）が用いられています。それは10領域に分かれ、「意思決定」「ストレス対処」「感情管理」「共感力」「自己認識」「対人スキル」「効果的な意思疎通」「批判的思考」「創造的思考」「問題解決」（Decision Making/Coping with Stress/Managing Emotions/Empathy/Self Awareness/Interpersonal Skills/Effective Communication/Critical Thinking/Creative Thinking/Problem Solving）となっています。

　このように、「〜力」を英語で表す場合「スキル」（skills）で考えると具体的なイメージをしやすくなります。さらに、その具体的なスキルは何かを考えていくことによって「〜力」は何であるかを、より鮮明に理解できるようになります。なお、コンピテンシーについては、提言14で詳述します。

●知識とスキル

　この章で「スキル論」をテーマにして主張したかったのは、日本語の「スキル」を英語の「skills」と同様の意味に理解して用いることの奨励です。英語の定義が示すように、「誰もが訓練を通して習得できるものであり、知識を活用して物事を行うことができること」として扱えば、より具体的な教育効果を得られるということです（英語の定義は、次節の「学力の3要素とスキル」で詳しく紹介します）。

　シンガポール教育省が掲げる「ライフ・スキル」と密接に関係するのが「知識とスキル」です。洋書ではこの2つの単語が一塊（ひとかたまり）で表現される場合が多く見受けられます。教育関係の書籍だけでなくビジネスなど様々な文脈で一般的に使用されている語句です。例えば、「シン

5　World Health Organization（1999）"Partners in Life Skills Education : Conclusions from a United Nations Inter-Agency Meeting"　https://www.who.int/mental_health/media/en/30.pdf（2020年2月24日閲覧）

ガポールの建国の父」と言われる、故リー・クワン・ユー（Lee Kuan Yew）氏は、あるインタビューで「今日の働き手はどのような核となる能力（core competencies）が必要ですか？」の質問に対して、次のように答えています[6]。

> 「繰り返し作業をする機械に基づいた時代と異なり、明日の働き手は今まで以上に自らの<u>知識とスキル（knowledge and skills）</u>に頼らなければならない。（中略）彼らは、冒険心にあふれ、革新的でなければならない、そして絶えず仕事の新たなやり方を探し求め、さらなる価値や強みを創造しなければならない。」（拙訳）（下線は引用者による）

　ここでも「知識とスキル」が用いられています。それも、高度なスキルが必要であるということです。「スキル」には「知識」が必要です。英語ではこれらの単語はよくセットになっています。学習指導要領改訂においてのポイントとされる「思考力・判断力・表現力」の育成はこれらを独立して扱うのではなく、真ん中の「判断力（＝正しく判断する力）」を支える「思考スキル」と「表現スキル」として捉え、その「判断力」に必要とされるスキルを明確にして、スキルの育成・習得を目指すほうがより実行可能な教育につながると考えます。具体的には提言21で述べます。

　生徒に「スキル」のイメージを伝えるために、著者がよく用いている例えに、「自転車に乗るスキル」があります。自転車に乗りこなすためには、当然ながら正しくハンドルを手で握り、サドルに腰掛け、ペダルを踏むという一連の知識が必要です。それを活かして初めて乗る準備が整いますが、一度の試みでうまく乗りこなすことは難しいで

6　Graham Allison and Robert D. Blackwill（2013）*Lee Kuan Yew: The Grand Master's Insights on China, the United States, and the World,* The MIT Press

しょう。うまくバランスをとって自転車に乗れるようになるには、何度も練習の繰り返しを要します。一連の形式的な知識、つまり「形式知」だけはなく、「暗黙知」と呼ばれる、体験を通して得た自分独自の知識を活かして「自転車に乗るスキル」を習得します。

　このように、スキルを得るには、暗黙知を含め「知識」が重要な役割を果たすことが分かります。知識とスキルの関係をよく理解すれば、教育現場でも「スキル」の習得を据えた授業が可能になります。それにより、生徒が授業を通して「何ができるようになるのか」が明確になり、学習指導要領改訂の方向性と一致する授業を行うことが可能になります。

まとめ

①これからの時代には、高いスキルを持った人材が求められます。

②「能力」や「〜力」は英語ではスキル（skills）で言い換えることができます。スキルと表現することにより、より具体的な能力が明確になります。

③知識とスキルは別々のものではなく、両者は密接に関連します。あるスキルを習得する際に、「知識とスキル」で考えることで、どのような知識が必要であるかがより明確になります。

提言14：「学力の３要素」と「資質・能力」をスキルに重点を置いて考える

●「学力の３要素」と「スキル」

「skill」の定義を調べることにより、その単語の意味を明確にしながら、日本の教育で重要なカギを握る「学力の３要素」について述べることにします。

「skill」の定義は英英辞典[1]によると、①「物事を行う際に知識を効果的に、かつ直ちに使う能力」（下線は引用者による）②「特に、身につけた身体的課題を行う際の器用さ、あるいは調整具合」③「何かを完全に行う力のことで、学習により身につけた能力」（拙訳）となっています。

さらに、別の英英辞典[2]では、①「特別な訓練や知識を必要とする仕事や活動」②「物事を行うのを可能にする知識と能力」（拙訳）（下線は引用者による）です。

これらの定義から明らかになることは、英語の「skill」では、「知識を活用する」ことが含まれるということです。日本語では、「知識の活用」の重要性が語られることが多いですが、英語では「知識の活用」と言った場合、「skill」で事足ります。日本語での「技能・スキル」の場合、「知識の活用」の側面は考慮されていないように思われます。その具体例が「学力の３要素」です。

「学力の３要素」とは、もともとは学校教育法第30条第２項に記載されているものです。それは以下の通りです。

1　Merriam-Webster（2016）*Merriam-Webster dictionary*，Merriam Webster Mass Market

2　Collins Cobuild（2014）*Collins COBUID Advanced English dictionary*，HarperCollins UK

　「2　前項の場合においては、生涯にわたり学習する基盤が培われる
　よう、基礎的な知識及び技能を習得させるとともに、これらを活用し
　て課題を解決するために必要な思考力、判断力、表現力その他の能力
　をはぐくみ、主体的に学習に取り組む態度を養うことに、特に意を用
　いなければならない。」

　ここから3要素を抜き出すと、

　①「基礎的な知識と技能」
　②「①を活用して課題を解決するために必要な思考力、判断力、表現
　　力など」
　③「主体的に学習に取り組む態度」

となります。

　2020年度以降の学習指導要領の「学力の3要素」は、**図5-6**から
分かるように、①「生きて働く知識と技能の習得」、②「未知の状況
にも対応できる思考力・判断力・表現力等の育成」、③「学びを人生
や社会に活かそうとする学びに向かう力・人間性等の涵養」となって
います。

　学校教育法であれ、学習指導要領であれ、学力を「3要素」に分け
ています。これらの考えは学校教育法によっているため、どうしても
3要素の発想から抜け出すのが難しくなるのでしょう。著者の知る限
りでは、多くの書籍や教育系雑誌において学力の3要素を説明するの
に、この枠組みを基にしています。

　それに対して、英語で考えると、異なった視点からこの枠組みを理
解することが可能です。それは、②の「思考力・判断力・表現力」の
部分を、「判断力」を除き①の「技能」として扱うことです。

学習指導要領改訂の方向性

新しい時代に必要となる資質・能力の育成と、学習評価の充実

学びを人生や社会に生かそうとする
学びに向かう力・人間性等の涵養

生きて働く知識・技能の習得

未知の状況にも対応できる思考力・
判断力・表現力等の育成

何ができるようになるか

よりよい学校教育を通じてよりよい社会を創るという目標を共有し、社会
と連携・協働しながら、未来の創り手となるために必要な資質・能力を育む
「社会に開かれた教育課程」の実現
各学校における「カリキュラム・マネジメント」の実現

何を学ぶか

新しい時代に必要となる資質・能力を踏まえ
た教科・科目等の新設や目標・内容の見直し
小学校の外国語教育の教科化、高校の新科目「公
共」の新設など
各教科等で育む資質・能力を明確化し、目標や内
容を構造的に示す
学習内容の削減は行わない
※高校教育については、些末な事実的
知識の暗記が大学入学者選抜で問われ
ることが課題になっており、そうした
点を克服するため、重要用語の整理等
を含めた高大接続改革等を進める。

どのように学ぶか

主体的・対話的で深い学び（「アクティブ・
ラーニング」）の視点からの学習過程の改善
生きて働く知識・技能の習得など、新しい時代に
求められる資質・能力を育成
知識の量を削減せず、質の高い理解を図るため
の学習過程の質的改善

主体的な学び
対話的な学び
深い学び

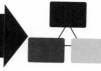

図 5-6　学力の3要素

出典：「幼稚園、小学校、中学校、高等学校及び特別支援学校の学習指導要領等の改善及び必要な方策等
について（答申）補足資料」（文部科学省）(http://www.mext.go.jp/component/b_menu/shingi/
toushin/__icsFiles/afieldfile/2017/01/20/1380902_4_1_1.pdf)

　ここで「判断力」を除く理由は、それが「問学」の中で究極の学び
であるからです。第1章で「問学」では、学びにより「知識と技能・
スキル」を得るだけでなく「智恵」も得ることとしています。「智恵」
とは「物事の本質を見極めること」と「正しい判断力」の言い換えで
す。正しい判断に至るには、思考するだけでは十分ではありません。
思考だけでなく感情の部分も関与するために、「判断力」には総合的
な力量が問われます。「判断力」を最上のものとすると、それに至る
ために「思考力」が必要とされ、判断後「行動」に移したり「表現」

したりする行為が生まれます。

　「思考力」は英語では「thinking skills」と表現されることが多く、その直訳は「思考スキル」または「思考技能」です。「思考力」では、その人が持つ素質に起因されるイメージが強く、そこから具体的なものを知ることは難しくなります。一方、「思考スキル」は、その具体的なスキル、例えば、「論理的に理由を述べる」あるいは「他のものと比較して考える」など、より明確な指導につなげることが可能になります。また、そのスキルを訓練することにより「誰もが一定のレベルまで習得できる」と考えることができ、学びを生徒と教員が共有しやすくなります。例えば、関西大学初等部では「思考ツール」[3]と称し、具体的な思考力育成のための授業を行っています。それらは、「比較する、分類する、関連づける、多面的にみる、組み立てる、評価する」です。この思考ツールを使いこなせることが、思考スキルを身につける一例です。

　さらに「表現力」に関しても、「ライティング・スキル」（writing skills）や「プレゼンテーション・スキル」（presentation skills）といった様々な表現に関する、より具体的な「スキル」があります。「スキル」と表現するため、「訓練によって習得できる」と捉えることができます。

　要するに、著者が「学力の3要素」を見聞する時に考えることは、「判断力」を除き、「思考力」と「表現力」をそれぞれの「スキル」と考えて、具体的な「スキル」は何を指すのかと明確にすることです。これによって、高大接続改革において強調される「思考力・判断力・表現力」の育成についての議論がよりいっそう活性化するものと考えます。

3　関西大学初等部（2013）『思考ツール──関大初等部式思考力育成法〈実践編〉』さくら社

　「学力の3要素」について著者が懸念するのは、「技能」という言葉があまり強調されていないため、かえって「〜力」という言葉がマジック・ワード化してしまい、それを具体的に示すことが難しくなることです。この章で主張したいのは、「〜力」を用いる際に「スキル」と言い換えることができる場合には、「スキル」を使用しその具体的な内容を検討し実践する方が、より質の高い教育実践につながるということです。

● 「資質・能力」と「コンピテンシー」

　2020年度からの学習指導要領の方向性を示す報告書を読んでいると、児童・生徒・教員に対する「資質・能力」という表現を頻繁に目にします。ある時期、この表現に出会うたびに、それは何を意味するのかを考え込んでしまいました。「資質・能力」から感じるイメージが、何か固定的なものであるように感じるからです。「資質」にしても「能力」にしても、それらは人が生まれ持つものであるように思ってしまいます。

　「資質・能力」を固定的なものではなく動的なもの、つまり可変的なものとして捉え直すとすると、「スキル」の考えが役に立ちます。前節までの「スキル論」の中で、「能力」を英語の「skills」に言い換えることが可能であることを述べました。ここで「資質・能力」を述べる場合、「能力」はスキルに加え知識が含まれるとし、「知識・スキル」の言い換えであるとします。それでは、「資質とは何か？」となりますが、それは「態度」のことです。英語の「competency」（コンピテンシー）が何を指すのかを調べることにより、そのように考えるようになりました。

　実は、「competency」（コンピテンシー）の定義は多様です。しかし、その代表的なものに「知識・スキル・態度」があります。OECD（経

済協力開発機構）が2030年向けての教育の参考にしているもので、「知識・スキル・人格」に「メタ学習」（メタ認知の言い換え）を加えた「コンピテンシー」（competencies）があります（**図5-7**）。

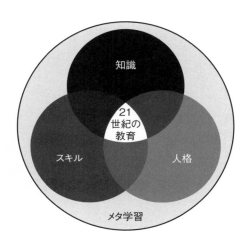

図5-7　The CCR Framework
出典：Center For Curriculum Redesign

　ここでは、「人格」は「態度」にも言い換えが可能です[4]。

　数年前から教育界で注目された「非認知能力（スキル）（non-cognitive skills)」は、経済学用語です。ポール・タフ（Paul Tough）氏[5]は、それに対し心理学的には「性格特性」（personality traits）、そして一般的には「人格」（character）であると述べています。このように、

4　Charles Fadel, Maya Bialik &Bernie Trilling（2015）*Four-dimensional Education: The Competencies Learners Need to Succeed*, Lightning Source Inc（チャールズ・ファデル、マヤ・ビアリック、バーニー・トリリング著、岸学監訳、関口貴裕、細川太輔編訳、東京学芸大学次世代教育研究推進機構翻訳（2016）『21世紀の学習者と教育の4つの次元──知識、スキル、人間性、そしてメタ学習』北大路書房）

5　Paul Tough（2012）*How Children Succeed: Grit, Curiosity, and the Hidden Power of Character*, Marnie（ポール・タフ著、高山真由美訳（2013）『成功する子失敗する子──何が「その後の人生」を決めるのか』英治出版）

「非認知的能力（スキル）」「性格（特性）」「人格」は、基本的には同じものを指し、状況や専門によって、言葉を使い分けていると理解すれば、何を意味するのかが分かります。すでに紹介したように、文部科学省の英語版ホームページでは「生きる力」を「Competencies for living」と言い表しています。「コンピテンシー」を「知識・スキル・態度」と認識し、さらに、「知識・スキル」を「能力」そして、「態度」を「資質」と見なすと、大ざっぱに言って、

「コンピテンシー」＝「知識・スキル・態度」＝「資質・能力」

となります。各人が基本的に同じことを指しているとすれば、各人が用いる表現についての誤解や認識のズレが生じることが少なくなるでしょう。文部科学省の「生きる力」を「コンピテンシー」とすると、「知識・スキル・態度」の言い換えとなり、その具体的な内容が「生きる力」の「資質・能力」となります。

　まとめると、「資質・能力」を考える場合、「能力」が「知識・スキル」のことであり、「資質」が「態度」になります。資質を態度として考えると、生徒がどのような態度で学習を行っているかを観察することによって、その生徒の資質が見えてきます。

　「態度」を英語で表すと「attitude」になります。この英語に「mental」（心的）を加えると「mental attitude」（心的態度）となり、それは「mindset」（マインドセット）になります。「マインドセット」は「心構え」として理解されることがありますが、近年は「マインドセット」とそのままで使用されています。これらから、「態度」は「マインドセット」を含めたものと考えると、より広い視野で、生徒の「資質」を観察することが可能になります。

　それに加え、精神面と行動面の態度を方向づけるのが「価値観」

（values）です。例えば、ある生徒が、英語の授業に関して「大学入学試験に合格する」ことを大切とする価値観を持つ場合と、別の生徒が「世界で活躍するために色々な知識やスキルを身につける」ことが大切であるという価値観を持つ場合では、英語授業に臨む態度において大きな違いが出てきます。前者は大学受験後には英語学習をやめる可能性が高く、一方、後者は、大学進学後や就職後でも英語学習を続ける可能性が高くなります。

　実際、英語において「knowledge, skills, attitudes and values」（知識、スキル、態度と価値観）という言い回しがあります。OECDが示す未来の教育像である「The OECD Learning Compass 2030」に、この言い回しが使われています。図5-8の中央に「コンピテンシー」（Competencies）があり、そこから「知識、スキル、態度、価値観」（knowledge, skills, attitudes, values）がバランスよく伸びています。

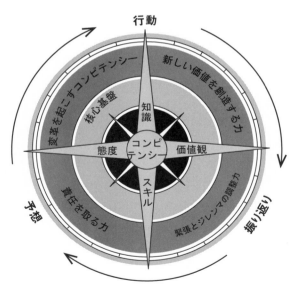

図5-8　The OECD Learning Compass 2030

出典：The OECD Learning Compass 2030 (http://www.oecd.org/education/2030-project/

　「資質・能力」を具体的に考えるうえで、「知識・スキル・態度」だけでなく「価値観」の視点を持つことにより、より広範な視野を持つことができます。

　これまで述べてきたこと以外の定義づけも可能ですが、「資質・能力」あるいは「コンピテンシー」という表現を使用する際には、それらの定義を明確にしてから議論を進めるほうが良いでしょう。それにより、互いの誤解を避け、建設的な議論に発展させる出発点となるからです。

まとめ

①学力の３要素である「知識・技能」「思考力・判断力・表現力」「態度・人間性」は、英語の表現でよく見受けられる「知識・スキル・態度・価値観」(knowledge/skills/attitudes/values) の４要素で捉えなおすことが可能です。「判断力」を別扱いとし、「思考力」と「表現力」は、それぞれ「思考スキル」「表現スキル」と見なし、訓練によって習得可能な具体的能力として育成するという考え方です。

②「資質・能力」は「知識・スキル・態度（＋価値観）」、ひいては「コンピテンシー」の言い換えであると理解することが可能です。この中で「知識・スキル・態度」を中心に据えると、それらの具体的な内容を明確にし、指導しやすくなります。

提言15：「知識・スキル」と「(問い学ぶ)態度と価値観」のつながりを理解する

● 「知識・スキル」と「(問い学ぶ)態度と価値観」の関係

　「資質・能力」や「コンピテンシー」の言い換えとして、「知識・スキル・態度」に「価値観」を加えた考え方を示しました。**図5-9**にあるのは、それを図に表したものです。この図を用いながら、「問学」と「知識・スキル・態度・価値観」の関係を説明します。

　図5-9は、「価値観」を中心に据え、それを囲むのが「態度」、それも「問い学ぶ(問学)態度」としています。「問学」は「知識・スキル・智恵」を求め、それらを得ることです。しかし、この節では「知識・スキル・態度と価値観」のつながりを考えることに焦点を当てるため、問学で得ようとする「ものごとの本質の見極め、正しく判断する智恵」を外し、「問い学ぶ態度」で求め、得るものが「知識・スキル」としています。それは図では外円に当たります。

図5-9　「価値観」⇒「問い学ぶ態度」⇒「知識・スキル」
出典：著者作成

　この図から、「価値観」から発生する「問い学ぶ態度」は、「知識・スキル」の習得に向かうというイメージが理解できるでしょう。逆に

言えば、「知識・スキル」を得ようとすれば、そうする「態度」が求められ、また、その態度を支える「価値観」を持つことが必要になります。

それでは、「『価値観』とは何か」となりますが、国語辞典では、「人が自分を含めた世界や、その中の万物に対してもつ評価の根本的態度、見方。」と説明されています。

また、同辞典では「価値」は、①物事のもっている値うち。あたい。かちょく。②人間の基本的な欲求、意志、関心の対象となる性質。真、善、美、聖など。③ある目的に有用な事物の性質。使用の目的に有用なものを使用価値、交換の目的に有用なものを交換価値という。

一方、「価値」の英語である「value」は、英英辞典[1]によれば、「貨幣価値」と「いかに役立つ（useful）か、いかに大切（important）であるか」（拙訳）です。後者の定義では、「役立つ」以外に「大切である」が述べられています。以上から、「価値」の言い換えとして、①有用性：②重要性の２要素となります。

さらに、「価値観」の英語である「values」は、同英英辞典では次のように定義づけしています。

　　「人々が持つ信念のことで、特に、正しいことや間違っていることに
　　関する信念や、人生において最も重要であるものに関する信念を指し、
　　その人の振る舞いをコントロールするもの。」（拙訳）

「振る舞いをコントロール」するとあるので、行動を規定するものと解釈できます。

日英の両辞書から、本書では「価値観」を「人の行動や態度を規定

1　Cambridge Dictionary　https://dictionary.cambridge.org/ja/

する、有用性及び重要性に関する考えや信念」とします。

　ここまで「価値」と「価値観」について述べてきましたが、生徒と教師が「学び」に関する「価値観」を明確にし、それを共有することで、文部科学省が提唱する「学びに向かう態度」が生まれると考えるからです。

　「知識・スキル」を求め、得る「問い学ぶ態度」は、「価値観」にかかっています。その「価値観」に関して、生徒にとって「学ぶことがいかに役立つのか？」「いかに大切なのか？」という問いに対する答えが、彼（女）らの「価値観」を形成します。価値観が、学ぶ内容（知識やスキル）とずれている場合、「学び」はうまくいかないでしょう。「学び」がうまくいくためには、学びの「価値」を明確にし、それについての考え「価値観」を共有することが不可欠です。

　図5-9にあるように「価値観」⇒「問い学ぶ態度」⇒「知識・スキル」によって、効果的な「学び」が生まれ、これらの中身の質が高ければ高いほど、「資質・能力」が高く、コンピテンシーが高く、スキルが高い、と言えます。

　著者は授業をする際に、常に授業の意味や価値を生徒に伝えることを心掛けています。授業する内容の意味や価値を伝え、生徒がそれを理解することで、生徒の学びが始まると考えているからです。

● 「知識・スキル」「（問い学ぶ）態度と価値観」と「Why How What」

　前節では、「価値観」が「問い学ぶ態度」を導き、「問い学ぶ態度」によって「知識・スキル」を求め、得るという過程を説明しました。「知識・スキル、態度、価値観」の言い換えとしての「資質・能力」や「コンピテンシー」を考える際、「価値観」の中身について明確にすることが不可欠になります。しかし、今回の学習指導要領改訂の方向性の**図5-6**（99頁）を見る限り、このことについては明確に記載さ

れているようには思われません。

　図5-6では、「何ができるようになるか」「何を学ぶか」「どのように学ぶか」の3本柱になっています。**図5-10**で言えば、「何を学ぶのか？」（What do we learn ?）と「どのように学ぶのか？」（How do we learn ?）に相当します。「なぜ学ぶのか？」（Why do we learn ?）に相当する部分が、学習指導要領改訂の方向性では明確に見受けられません。

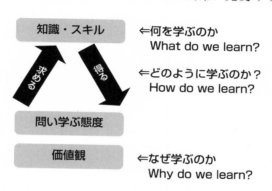

図5-10　「知識・スキル」「問い学ぶ態度・価値観」と「Why How What」

出典：著者作成

　推測すると、**図5-6**でトップに位置する「何ができるようになるか」の資質・能力で「学びを人生や社会に生かそうとする学びに向かう力、人間性等の涵養」が「なぜ学ぶのか？」に関わる部分になるかもしれません。「学びに向かう力、人間性等」と言う場合、「学び」に関する「有用性」や「重要性」の考えや振る舞いが関わります。この2つの考えや信念を、本書では「価値観」と定義しました。

　学びについて「いかに役立つか？」あるいは「いかに大切であるか？」の問いの答えを分かることが、「なぜ学ぶのか？」の理解につながります。それゆえ、**図5-10**の画像で「価値観」の部分を「なぜ学ぶのか？」にしています。

　サイモン・シネック（Simon Sinek）氏は、偉大なリーダーを次のよ

うに述べています。

　　「偉大なリーダーとは人を鼓舞し<u>行動させる</u>ことができる人である。人
　を鼓舞できる人は、<u>目的意識</u>や帰属意識を与える人である。それらの意
　識は、外発的な刺激（動機）や損得勘定とはほとんど関係はない。」
　　「偉大なリーダーは、我々が見ることができないものの<u>価値</u>を理解して
　いる。」[2]（抄訳）（下線は引用者による）

　この2文から「物事の価値を理解し、目的意識を与え、人を行動さ
せる」というリーダーの資質を知ることができます。これらは、
「Why」と関係します。シネック氏は、「Why How What」の関係を
図5-11で表しています。

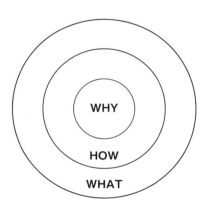

図5-11　The Golden Circle
出典：https://simonsinek.com/

2　Simon Sinek（2009）*Start With Why: How Great Leaders Inspire Everyone To Take Action*,
　Portfolio（サイモン・シネック著、栗木さつき訳（2012）『WHY から始めよ！イン
　スパイア型リーダーはここが違う』日本経済新聞出版社）

　同書では「ゴールデン・サークル」（The Golden Circle）について、シネック氏は、「ゴールデン・サークルは、いかにして、リーダーが人々を操るのではなく、鼓舞し行動させることができたのかを示すものである。」（拙訳）と説明し、キング牧師やケネディ大統領のリーダーとしての理由を述べています。

　「ゴールデン・サークル」の「Why How What」は、前節で示した**図5-9**と呼応します。教育を行ううえで、「Why」の視点を外すことはできないことが分かります。

まとめ

① 「知識・スキル・態度＋価値観」のつながりを「価値観」⇒「（問い学ぶ）態度」⇒「知識・スキル」と考えることによって、効果的な「学び」が生まれます。これらの中身の質が高ければ高いほど、「資質・能力」が高く、コンピテンシーが高く、スキルが高い、と言えます。

② 「What：何を学ぶのか？」は「知識・スキル」の内容に相当し、「How：どのように学ぶのか？」は学習態度に相当し、「Why：なぜ学ぶのか？」は「価値観」に相当すると考えられます。教育において「なぜ学ぶのか？」、すなわち「学びの価値観」を学習者がどれだけ深く理解し、自分のものにしているかが、これからの教育実践でますます重要になります。

提言16：非認知的能力はスキルとして伸ばすことができる

● 『社会情動的スキル』の「学びに向かう力」

　上のタイトルの「学びに向かう力」は、OECDが2015年に発行した報告書『Skills for Social Progress：The Power of Social and Emotional Skills』の翻訳書である『社会情動的スキル』[1]の副題です。英語のサブタイトルである「Social and Emotional Skills」が「社会情動的スキル」です。

　「社会情動的スキル」は日本ではあまり聞きなれない言葉ですが、数年前に注目された「非認知スキル」の言い換えです。同書のまえがきに「社会情動的スキル（あるいは非認知スキル）」と書かれています。「社会情動的スキル」に対するものは「認知スキル」ですが、この2つのスキルは相互作用し、バランスよく身につけることが必要であると述べられています。

　翻訳書が『社会情動的スキル──学びに向かう力』になっていることから、新学習指導要領で特に強調されている「学力の3要素」のうち「知識・技能」と「思考力・判断力・表現力」の2要素が「認知スキル」に相当し、残りの要素である「学びに向かう力、人間性など」が「社会情動的スキル（非認知スキル）」に相当すると考えられます。

　同書では「社会情動的スキル」を「(a) 一貫した思考・感情・行動のパターンに発現し、(b) フォーマルまたはインフォーマルな学習体

1　OECD（2015）*OECD Skills Studies Skills for Social Progress: The Power of Social and Emotional Skills*，OECD Publishing（経済協力開発機構（OECD）編著、ベネッセ教育総合研究所企画・制作、無藤隆、秋田喜代美監訳（2018）『社会情動的スキル──学びに向かう力』明石書店）

験によって発達させることができ、(c) 個人の一生を通じて社会経済的成果に重要な影響を与えるような個人の能力」とし、スキルの3つの分類、①目標の達成、②他者との協働、③感情のコントロール、に分けています。さらに、これらの分類の具体的なものとして、忍耐力・自己抑制・目標への情熱は「目標の達成」、社交性・敬意・思いやりは「他者との協力」、自尊心・楽観性・自信は「感情のコントロール」にそれぞれ属するものとして挙げています。

　「社会情動的スキル」は「性格スキル」として知られていることから、「ビッグ・ファイブ」（Big Five）の分類法に概ね即したものであるとも説明されています。「ビッグ・ファイブ」は、人格を5つの基本要素に分ける分類法です。他の洋書では「OCEAN」で表記されていることがあり、それぞれの最初の文字を使っています。「経験への開放性」（Open to experience）、「誠実性・勤勉性」（Conscientiousness）、「外向性」（Extroversion）、「協調性」（Agreeableness）、「神経症的傾向」（Neuroticism）です。同書では、「神経症的傾向」を、「情緒安定性」（Emotional Stability）としています。これら5つの分類に、さらに具体的な性格特性が続きます（例えば、外向性は、社交性、積極性、活発さ、など）。

　同書は、OECD加盟国が、それぞれの国においての「社会情動的スキル」の役割を調査、分析したものをまとめたものです。「人生の成功を助けるスキル」では「社会情動的スキル」の3つの領域である「目標の達成」「他者との協働」「感情のコントロール」において、「誠実性（信頼できる、忍耐強い、頼りになる）、社会性、情緒安定性が、人生の成功において特に重要であることが実証されている。」と説明しています。

　同書から言えることは、「学びに向かう力」を具体的に考えるうえで、「社会情動的スキル」の3領域である「目標の達成」「他者との協

働」「感情のコントロール」を踏まえ、性格特性（人格）では「誠実性」「社会性」「情緒的安定」がキーワードになるということです。これらのキーワードを基に、それらを培う教育が、「学びに向かう力」につながります。なお、「誠実性・勤勉性」については提言18でより詳しく説明します。

●『社会情動的スキル』の「SAFEの原則」

『社会情動的スキル』では、スキルを培う方法として「SAFEの原則」がスキルの訓練プログラムとして最も効果的であると述べられています。

「SAFE」とは、「Sequenced, Active, Focused, Explicit」の頭文字を取ったものです。「SAFEの原則」とは、「順序立てた（Sequenced）トレーニングや積極的な（Active）学習方法、スキル育成タスクに時間と注意を向けている（Focused）ことと明確な（Explicit）学習目標を組み込むこと」です。

この言葉に注目するのは、「集中した」（focused）「注意力」（attention）が学習の成果を生む上で、最重要な言葉であるからです。「一点に集中した、しかも長時間続く注意力」（FSA：focused and sustained attention）が「深い学び」をもたらすと、第4章提言10で述べました。アクティブ・ラーニングにおいて、この注意力（FSA）を外すことはできません。「積極的な」（Active）「集中」（Focused）の向け先が、明確な（Explicit）学習目標であり、その学習目標を達成するための順序立て（Sequenced）です。

このように、①「明確な」（Explicit）②「順序立てた」（Sequenced）学習目標と学習方法で、③「積極的な」（Active）④「集中した」（Focused）の状態で学習を行うと、学習目標を達成するだけでなく、認知的及び非認知的の両方のスキルを培うことになります。

　それは、身についたスキルが次のスキルを身につけることに役立ちます。「スキルがスキルを生む」（Skills beget skills）です。同書にある下の図は、その言葉のイメージです（**図5-12**）。

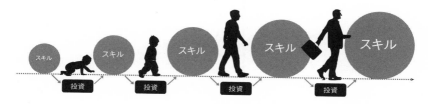

図5-12　スキルがスキルを生み出す
出典：経済協力開発機構（OECD）編著（2018）『社会情動的スキル』明石書店

　「スキルがスキルを生む」は、『社会情動的スキル』において何度も使用され、スキルを得るための重要な表現であり、考え方になっています。「スキルの発達は、雪玉を作ることに似ている」ことから、雪玉がどんどん大きくなるように、生涯にわたってスキルもどんどん大きくなるようなイメージで説明されています。

　さらに、認知スキルと非認知スキルの動的な相互関係を示すのが同書の**図5-13**です。このような相互関係にある認知スキル及び非認知（社会情動的）スキルを身につけるには、「SAFEの原則」で学習を行うことが効果的であるということです。

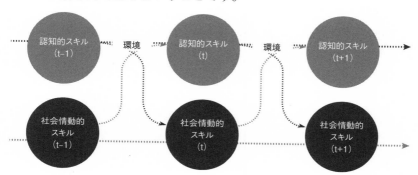

図5-13　認知的スキルと社会情動的スキルの動的相互作用
出典：経済協力開発機構（OECD）編著（2018）『社会情動的スキル』明石書店

　しかし、これを邪魔（distraction）するものがあります。デジタル機器です。その機器を含むテクノロジーの特質については次章で述べます。

まとめ

① 「社会情動的スキル」は日本ではあまり聞きなれない言葉ですが、数年前に注目された「非認知スキル」の言い換えです。「学力の3要素」の「学びに向かう力」を具体的に考える上で、「社会情動的スキル」の3領域である「目標の達成」「他者との協働」「感情のコントロール」と人格における「誠実性」「社会性」「情緒的安定」がキーワードになります。

② 「スキルがスキルを生む」の言葉から、認知スキル及び非認知（社会情動的）スキルを身につけることが可能です。それは、雪玉がどんどん大きくなるように、生涯にわたってスキルもどんどん大きくなるようなイメージであり、「SAFE（明確に順序立て、積極的に集中して学習する）の原則」が有効です。

第6章
テクノロジーと人格形成

提言17：テクノロジーとインターネットの特質を知る

●テクノロジーは人間性や能力を増幅させる

　かつて、文部科学省のICT教育に関する事業で研究授業を行ったことがありました。その際、冒頭の数分でICTを含むテクノロジーの特質を生徒に知ってほしいと考え、それを表現する英文を紹介しました。それは、英語ブログのタイトル「テクノロジーは人間の労働を補完（complement）すべきであり、それに取って代わる（replace）べきではない。」（拙訳）[1] でした。

　さらに、洋書からは次の文を紹介しました。

1　"Technology should complement human labor, not replace it." https://www.todayonline.com/voices/technology-should-complement-human-labour-not-replace-it（2020年2月24日閲覧）

　「テクノロジーは、梃子のように、人が意図する方向に自分の能力を
　増幅させる（amplifies）。」
　「人々を増幅させること（Amplifying）／知情意の大切さ」（拙訳）

　これらは、コンピューター科学者であり国際開発研究者である外山
健太郎氏による著書[2]からのものです。同氏は、大学に奉職する前は、
研究機関であるマイクロソフトリサーチ（MSR）に勤務していました
が、貧困をテクノロジーによって解決するためにインドに出向しまし
た。数年間、貧困解決に努め、同氏が気づいたのが、テクノロジーだ
けでは貧困を解決することができない、ということでした。

　テクノロジーは、それ自体、善でも悪でもなく中立的なものです。
それを使用する人によります。しかし、それだけではありません。外
山氏が主張しているように、「テクノロジーは人間性や能力を増幅さ
せるものである」ということです。それが意味するのは、テクノロ
ジーを使用する者の人間性が悪ければ悪が増幅し、良ければ良さが増
幅するということです。

　例えば、人の悪口を言う癖がある人がTwitterなどのSNSで誹謗・
中傷するとよく炎上します。拙著『反転授業が変える教育の未来』で
述べた「仮想（デジタル）世界」の3つの特徴である「つながり」「再
生性」「信頼」が増幅の要因です。すなわち、誹謗・中傷の言葉は、
現実（物理）世界とは比較できないほどのスピードと規模でつながり、
再生され急速に拡張・拡大します。その結果、発信した人の信頼は失
われ、信頼回復は極めて困難になります。それとは逆に、善意の人が
良い内容を発信し続けると、同様の人とつながり、信頼を増やすこと

2　Kentaro Toyama（2015）*Geek Heresy: Rescuing Social Change from the Cult of Technology*,
　Public Affairs（外山健太郎著、松本裕訳（2016）『テクノロジーは貧困を救わない』
　みすず書房）

ができます。

　生徒にこのような話をすると、「活かすも殺すも、その人次第ですね」という発言が聞かれました。著者もそのように思いました。すなわち、能力・スキルを高めるだけでなく人間性を高めることこそが、テクノロジーを活かすことになります。人間形成こそが、これからの時代にいっそう求められるのです。

　近年、AI（人工知能）が人間の仕事を奪うという予想をよく見聞します。そうならないためには、スキルを磨くしかありません。ここでのスキルは認知だけでなく、非認知なものも含みます。そのスキルを磨くには、「培う・育む」（cultivate）という言葉が役に立つと考えます。この言葉については、提言18で詳細に述べることにします。

●21世紀の３つの世界を理解し、人格形成の大切さを知る

　「仮想（デジタル）世界」は、それ以外に「現実（物理）世界」と人がそれらの世界を認識する「知的・感情世界」の３つの世界で成り立つと考えられます。前著で示したその世界についての図を次のページに再掲します（**図6-1**）（次頁）。

　21世紀になり、3G（第3世代）、4G（第4世代）、そして5G（第5世代）へと移動通信システムが進むにつれて、右上の仮想（デジタル）世界が拡張することを理解する必要があります。20世紀末までは主に現実（物理）世界とその世界を認知する人間の知的・感情世界の2つの世界でしたが、インターネット化が進み、仮想（デジタル）世界、つまりサイバー世界が、現実（物理）世界と拮抗する、あるいは、凌駕する勢いになっています。このサイバー世界と現実世界が融合する社会が、政府が提唱するSociety 5.0です。Society 5.0については次章で詳述しますが、この2つに世界に生きるのが人であり、その人が持つ世界が知的・感情世界であることをよく認識する必要があります。

現実はこの３つの世界に存在する

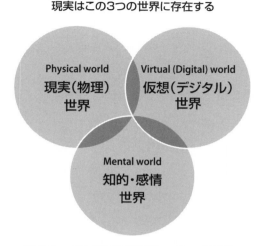

図 6-1　21 世紀の世界像 〜３つの現実〜

出典：The New Digital Age をもとに著者作成

　Society 5.0は「人間が中心になる社会」と言われていますが、前節の「テクノロジーは人間性を増幅させる」という特質が大いに関わります。善の人間性が悪を上回れば、新たな社会は良い社会となりますが、その逆では、悪い社会となります。個人が善意を持ち、確かな個を持たなければ、デジタル世界に飲み込まれてしまいます。それを避けるためには、是非とも、人間性、すなわち、人格を高めることが不可避になります。

●インターネットの闇を知る

　1990年代後半から急速にインターネット利用が世界中で広がりました。インターネットの普及に伴い、ネットに接続できれば、世界中の情報にアクセスでき、人との交流が活発化し、より平和な世界が来るという楽観的な予想がありました。

　確かに、インターネットが普及し、かつグローバル化が進行する中

で、世界は大きく変わり、中国やインドをはじめとする、当時貧困で苦しむ人々の国々が、経済発展によって貧困率を大きく減少させました。そして、インターネットが推し進める高度情報化社会は、世界中の国の社会を便利かつ豊かにしました。しかし、決して良いことばかりではありませんでした。

1つには、貧富の差が大きくなっていることが挙げられます。GAFA（グーグル、アップル、フェイスブック、アマゾン）や中国のBAT（バイドゥ、アリババ、テンセント）といった、巨大インターネット企業（ユニコーン企業）が出現し、情報や富を集中させました。情報社会では企業だけでなく情報活用をした個人も富を築き、富める者（少数派）とそれ以外（多数派）の者に分断され、中産階級が縮小していると指摘されています[3]。

金銭面の不平等の問題だけでなく、人間の特性に起因し、社会も分断されつつあります。人間には、部族主義や村意識によって「同じような考えを持つ」（like-minded）者同士が集まるという傾向があります。テクノロジーが人間性を増幅させることから、ネット上では現実（物理）世界よりも比較にならない程「同じような考えを持つ」人をつながることができるのです。

そのような状況で起こりうる現象は、「フィルターバブル」（filter bubble）[4]や「エコーチェンバー」（echo chamber）です。インターネット企業が提供するサイトにアクセスした際に、レコメンデーションといった「おすすめ」のサイトや動画を紹介されます。それに誘導されるままにいると、自分の好みの思想に頻繁に触れることになります。こ

---

3 Peter Temin（2017）*The Vanishing Middle Class: Prejudice and Power in a Dual Economy*, The MIT Press

4 Eli Pariser（2011）*The Filter Bubble: What the Internet Is Hiding from You*, Penguin Press（イーライ・パリサー著、井口耕二訳（2016）『フィルターバブル——インターネットが隠していること』早川書房）

れにより、情報を手に入れる際にフィルターがかかり、自分の好きな
ものだけに浸るようになります。それは、まるで泡（バブル）の中に
いるような状況になります。「フィルターバブル」とは、この状況で
他の異なる情報から遮断されることを意味します。一方、「エコーチ
ェンバー」は、フィルターバブルにより考えを同じにする者が多く集
まり、その箱（チェンバー）内で同じ考えが共鳴（エコー）し合うこ
とにより、増幅し強化する現象です。

　日本でもこれらの現象がすでに起こっています。NHKで放送され
た「なぜ起きた？弁護士への大量懲戒請求」[5]では「ネットを通じ弁護
士に大量の懲戒請求を行った市民が、弁護士に訴えられるという異例
の裁判が各地で行われている。」という事象を追っています。番組の
中で大学准教授はフィルターバブルとエコーチェンバーの影響が大量
懲戒請求の背景にあると指摘しています。

　この指摘以外に注目すべきことがあります。それは「ネットで社会
が分断しており、何が起きているのか？」の質問に対して、准教授は
「集団極性」を挙げていることです。オバマ政権で情報規制問題局
（OIRA）の長を務めたキャス・サンスティーン（Cass R. Sunstein）氏[6]
は、アメリカ政治がネット上のフィルターバブルやエコーチェンバー
により、2極化（polarization）現象が起こっていると指摘し、警告を
発していますが、日本でも同様のことが起こりつつあります。

　このようなインターネットの特性を知ることは大切です。しかし、
それだけでは十分ではありません。理性を持つ我々人間は、同時に認
知バイアスといった脳の弱点を持ちネット上で影響を受けるからです。

5　NHKクローズアップ現代（2018年10月29日放送）

6　Cass R. Sunstein（2017）*# republic: Divided Democracy in the Age of Social Media*,
　Princeton Univ Press（キャス・サンスティーン著、伊達尚美訳（2018）『# リパブリッ
　ク：インターネットは民主主義になにをもたらすのか』勁草書房）

ニューズウィーク日本版[7]は、人には認知的な弱点が4点あると言います。「気が散りやすいこと（注意散漫）」「仲間内を大事にし、よそ者を敵視する傾向がある（内集団バイアス）」「確実性を好むバイアス」そして「考えることをさぼる癖」です。

インターネット企業は、これらの特長を巧みに利用し、消費者の注意（attention）を引くことで収益を上げています[8]。いくら気をつけていたとしても、知らないうちに抵抗できず、フィルターバブルやエコーチェンバー状況下に入り、本来の自分を見失うことが発生しています。上述の弁護士への大量懲戒請求が起こった原因は企業ではありませんが、インターネット上のこのような特性が大きく影響を及ぼしていることにあります。「現実（物理）世界」では決して懲戒請求を求めないような市民が「仮想（デジタル）世界」で行動を起こす結果を招いています。

まずは、インターネットの闇の部分を知ることは大切ですが、その闇に抵抗できるような「知的・感情世界」の構築、すなわち、人格を高める必要があります。次節では、そのために役立つと思われる「培う・育む」（cultivate）の言葉に焦点を当て、人格形成・人格陶冶について述べることにします。

7　ニューズウィーク日本版（2019年6月18日号）特集「世界のエリートが学ぶ至高のリーダー論」

8　Tim Wu（2016）*The Attention Merchants: The Epic Scramble to Get Inside Our Heads*, Knopf

まとめ

① AI（人工知能）が人の職を奪うと言われますが、AIを含め、テクノロジーの特質は、人間性や能力を増幅することにあります。認知スキルだけでなく非認知スキルも高め、人格形成をなすことで初めて、テクノロジーを活用することが可能になります。

② 21世紀の世界像としてまとめた３つの世界、「現実（物理）世界」「仮想（デジタル）世界」、そしてこの２つの世界を認知する「知的・感情世界」において、最後の知的・感情世界である人間の領域を充実させることが不可欠です。それには、人間性、すなわち人格を磨き、高めることです。

③ インターネットにより世界中の情報が瞬時に入手でき、世界中の人々とつながることが可能になる一方で、認知バイアスなどの影響を受け、知らないうちにフィルターバブルやエコーチェンバーの状況下に入り、極端な行動を起こすことがあり得ます。その危険性を理解するだけでなく、それに抗う力をつけることが求められます。

提言18：「培う・育む」（cultivate）による「文化」（culture）の醸成と構築

●洋書での「cultivate/cultivation」の使用例

　洋書を読んでいると、異なるテーマで何度も出会う単語があります。「conscientiousness」（勤勉性・誠実性）がその単語です。非認知能力（社会情動的スキル）で紹介した「ビッグ・ファイブ」と呼ばれる性格特性の1つです。「勤勉性・誠実性」は、インターネット使用で情報過多になりがちに陥るのを防ぐのに役立つと指摘する書[1]、スタンフォード大学が約1世紀にわたり長寿の人を調べ、それが重要だと結論づけた書[2]、Google社の採用においては「認知能力」（cognitive ability）とともに重要視するという書[3]など、色々な話題の本に登場する単語です。非認知能力の育成を考えるうえで、「勤勉性・誠実性」は、ビッグ・ファイブの中で特に注目に値する性格特性であることが分かります。

　著者にとって、「培う・育む」（cultivate；その名詞はcultivation）もそのような単語です。世界的に有名な女性哲学者のマーサ・C.ヌスバウム（Martha C. Nussbaum）氏による「政治的感情」の書にも、これ

1　Daniel Levitin（2015）*The Organized Mind: Thinking Straight in the Age of Information Overload*，Penguin

2　Howard Friedman and Leslie Martin（2012）*The Longevity Project: Surprising Discoveries for Health and Long Life from the Landmark Eight-Decade*，Study Plume（ハワード・S・フリードマン、レスリー・R・マーティン著、桜田直美訳（2012）『長寿と性格』清流出版）

3　Laszlo Bock（2015）*Work Rules!: Insights from Inside Google That Will Transform How You Live and Lead*，Twelve（ラズロ・ボック著、鬼澤忍、矢羽野薫訳（2015）『ワーク・ルールズ！──君の生き方とリーダーシップを変える』東洋経済新報社）

らの単語が何度も登場します[4]。その語感を少しでも理解できるよう、同書から該当箇所を紹介します。

①「偉大な民主主義の主導者達は、多くの時代や場所で、適切な感情を育むこと（cultivating）の重要性を理解してきた。」

②「その歌の狙いは、この新しいインドのナショナリズムの維持を可能にする精神、つまり、愛、包括、公平、人間修養（self-cultivation）の精神を培う（cultivate）ことである。」

③「高潔になるというのは、行動と同様に感情においても、適切な習慣を育むこと（cultivating）である。」

④「ミルは論理の研究とプラトンの対話の研究の両方を勧めている。その理由はそれらの研究はすべての物事を問う能力を育む（cultivate）からである。」

⑤「タゴールは読者に批判精神を培う（cultivate）ことを勧めている。」（拙訳）

これらは、400ページを超える本からの引用ですが、これら以外にも多くのページに「cultivate」（培う・育む）が使用されています。

「cultivate」は、生徒が最初に覚える意味は「耕す」です。農業を意味する英語「agriculture」と関連する単語です。「土地を耕す」のイメージに倣い、ヌスバウム氏は著書のタイトルである「政治的感情」を育むために「耕す」の語を多用したかもしれません。

引用した表現「感情を育む」（cultivate emotions）は「ハートを育む」（cultivate the heart）という表現につながります。英語では「こころ」は「heart」（ハート：胸をさす部分）と「mind」（知性：頭を指す部分）

4　Martha C. Nussbaum（2013）*Political Emotions: Why Love Matters for Justice*, Belknap Press

になります。日本語の「マインド」は英語の「heart」を示すことが多く、「mind」は頭の部分で「思考」を指します。「heart」と「mind」を育む動詞として挙げられるのが、「cultivate」です。「土地を耕す」というイメージを拡張させて、「感情や知性を耕す」というイメージで捉えると「cultivate hearts and minds」[5]という表現になります。その表現のイメージをつかめることができれば、次に「cultivate は何のためか？」を考えます。それによって、教え方や学び方などに新しい視点を得ることができると思われるからです。

●「培う・育む」（cultivate）から「文化」（culture）の構築

「cultivate」は土地だけでなく、人の知情意や能力・スキルの育成にも使用できる動詞です。「culture」（文化・カルチャー）の語源は、「cultivate/cultivation」です[6]。農業は英語では「agriculture」と言い、それには「culture」の単語が含まれています。農業での「土地を培う（耕す）こと」（cultivation of the soil）から、「人のこころ、能力、あるいはマナーを培うこと」（cultivation of the mind, faculties, or manners）の意味にも使用されるようになりました。

「文化」は人々が集まる集団において形成されるので、国家規模だけでなく、人が住む地域、働く場所、学ぶ場所、あるいは家族などの多様な集団でも培われ、形成されるものです。

学校において独自の学校文化は「培うこと」から形成されると考えると、「cultivate」の価値は大きくなります。本来、「土地を耕す」という意味で使用されているので、「cultivate」のイメージは「心をこめ

5　"The Youth Issue"*MIT Technology Review*, Volume 124（Jan/Feb 2020）に「educating and cultivating young hearts and minds」（若者のこころ（ハートと知性）を教育し育む）（72頁）という表現があります。

6　新オックスフォード英英辞典の語源（culture）の説明より

て、汗をかきながら、手を抜くことなく手間ひまかける」が浮かびます。簡潔に言えば、「愛情（思いやり）を持って手間ひまかける」のイメージです。

　手間ひまかけても、そこに愛情・思いやり・情熱が欠如している場合、それは「cultivate」とは言えないし、愛情・思いやり・情熱があったとしても、手間ひまかけることがなければ、「cultivate」と言えません。言い換えれば、「cultivate」には「時間と労力と気持ち」が伴うということです。

　例えば、学校長が、毎朝、校舎の前に立ち、生徒に挨拶をして迎えるとします。毎朝の挨拶を学校文化の1つに形成していくには、学校長だけでなく、教員や生徒各々が、「cultivate」の発想を取り入れて挨拶を実践することです。学校全体がその行動を「culture」まで高めることで「挨拶文化」が形成されていきます。「愛情・思いやり・情熱をもって手間ひまかけて」培った挨拶の習慣は、学校文化にまで醸成され、構築されたものとなります。

　このように「培う・育む」（cultivate）のイメージをつかみ、それを実践することで文化の構築ができるように、個人においても「自己修養」（self-cultivation）によって人格形成・人格陶冶が可能になります。「cultivate」の意味を理解し行動することで、個人と社会が共に高まると考えられます。

●「振り返り／内省」（reflection）を培う（cultivate）ことによって、人間性を高める

　本書では「振り返り／内省」（reflection）やそれに関連する言葉を紹介しました。1つは、「主体的な教師への変容（MVPAR）」（48頁）で述べた「振り返り／内省／リフレクション」です。ミッションに共感し、情熱を持ってビジョンを実現する行動の際、正しく向かっている

かを絶えず確認するために「振り返り／内省／リフレクション」を行います。もう1つは、OECDが提唱する能力の概念である「キー・コンピテンシー」の核心に据えられている「思慮深さ／リフレクティブネス」（reflectiveness）です（93頁）。

「リフレクション／振り返り」は、授業や研修会などで最後のまとめとして学びを効果的にするために用いられます。「リフレクション」は行動や学びにおいて重要な役割を担っています。しかし、「リフレクション」がなぜ、またどのようにして人間性を高めることができるのでしょうか？　結論を言うと、「リフレクション」は人間以外にはない、人間特有のものであるからです。

数年前に、「反知性主義」という言葉が流行しましたが、人間を含め動物が所有するのが「知能」（intelligence）であるのに対し、人間以外の生物が持つことがないとされるのが「知性」（intellect）です。米国の反知性主義についての書[7]では、「知能」と「知性」が次のように対比されています。

知能と知性は、知力（mind）の側面とみなされます。知能は「実用的であり」「狭い範囲で状況を即座に把握・評価したり、整理し直したり、調整したりする」という特徴を持つのに対し、知性は「疑問を持ち、批判・創造・想像・静観的であり」、また「知能が評価したものを評価し、全体として状況の意味を探す」という人間独自の特性として区別されています。

すなわち、ある状況を即座に把握する「知能」においては、人間と他の動物は同じです。それに対し、他の動物と区別するのが「知性」です。知性とは「不思議に思う、疑問を持つ」という「問い」に関するもの、「知能がくだす評価を評価し、全体として状況の意味を探す」

7　Richard Hofstadter（1966）*Anti-Intellectualism in American Life*, Vintage（リチャード・ホーフスタッター著、田村哲夫訳（2003）『アメリカの反知性主義』みすず書房）

という「メタ認知」に関するもの、そして「静観的である」という内省に関するものが、その特徴です。特に、最後の点、つまり、「静観的」が「内省・リフレクション」に関係する点が重要です。なぜなら、内省により、人間は他の動物ができないことを可能するからです。それは、「意味を変える能力」です。

　人間の脳は「パターン認識をし、意味をなし、予想する」特徴があります。確かに、空の雲を見て、どのような雲かを認識したり、その意味を考えたり、これからどのようになるかを予想したりすることがあります。このような脳の働きに加え、人間には「意味を変える能力」を有します。当たり前のように思われますが、このことは大変深い意味があります。なぜなら、人間以外の他の生き物は意味を変えることはないからです。例えば、ある状況を把握し、それに対応する知能を動物は持っていますが、その状況がどのような意味があり、あるいは、その意味に疑問を持ち、俯瞰して評価しなおすという知性は持ち合わせていません。評価し直すというは、「意味を変える」ということです。動物がいったん下した評価の意味を考えなおし、その意味を変えることは想像し難いです。

　このように「意味を変える能力」は人間の特性です。それゆえ、時には誤解が生じ、対立や争いが起こりますが、それだけに留まらず、俯瞰的に相手を理解し、それまでの理解の意味を変えることで誤解を解き、和解や平和を構築することも可能になります。意味を変える能力を発揮させるのが、内省（reflection）です。このことに気がついたのは、大学の授業設計について述べた書の以下の箇所です。

　　「人は意味を作り上げる存在である。我々は体験や情報や考えに基づき意味を作り上げる。（中略）しかし、その意味は限定されたり、曲解されたりする場合があり、あるいは破滅的でさえある。人として、

我々は考えや経験の<u>意味を変える能力</u>（the capacity to change the meaning）を有する。——しかし、それができるのは、我々が元の意味を意識レベルまで引き上げ、どのような新しい意味があるのかを<u>内省する（振り返る）</u>（reflect on）時のみである。その時になって初めて、我々は単なる意味を受け取る存在よりむしろ意味を作り上げる存在になるのだ。」[8]（拙訳）（下線は引用者による）

　意味の変化をもたらす内省が知性の働きを示すものであるならば、意味を変えないことは「反知性」ということになります。「反知性主義」というのは、「意味を変えない主義」とも言えます。あるいは、意味を変えないのが動物的であるとするならば、意味を変えることは人間的であるとも言えます。それゆえ、内省は人間性を高めるものになります。内省を促すのが、何を内省するかの「問い」です。そして、その問いに対する内省の際に、「一点に集中し、しかも長く続く注意力」（FSA）が欠かせません。

　最後に、AI（人工<u>知能</u>）と分け隔てるのも<u>知性</u>です。今まで以上に、知性の育成が喫緊の課題になります。なぜなら、次章で述べる新しい社会（Society 5.0）、つまり、AIやIoT（物のインターネット化）が牽引し、劇的に変化する社会が到来するからです。その社会は「超スマート社会」と呼ばれ「人間中心の社会へ」が標語となっています。これからの社会が人間中心の社会であるならば、人間性を高めることが課題になります。具体的な課題解決法の1つが、知性を培う（cultivate）ことです。それには、内省の重要性を再認識し、それを実行することが求められます。

8　L. Dee Fink（2013）*Creating Significant Learning Experiences: An Integrated Approach to Designing College Courses, Revised and Updated*,　Jossey-Bass

まとめ

①英語の「cultivate」には、「土地を耕す」の意味だけではなく、「人の知情意や能力・スキルを耕す（培う・育む）」の意味にも使用されます。

②「土地を耕す」から連想される「耕す」のイメージは、「愛情（思いやり・情熱）を持って手間ひまかけて耕す」ということから、ある文化を形成するには、「時間・労力・気持ち」を十分にかけて育て上げていくことが必要になります。どれか1つでも欠ければ、うまくいくことは決してないでしょう。

③「培う・育む」ものには、内省（reflection）があります。授業での振り返りで学びの質を上げる意味だけでなく、動物やAI（人工知能）と異なる特性である「知性」を育成するためです。考えや体験の意味を変える内省は、知性の育成につながり、ひいては、人間性を高めることに役立ちます。

第7章
Society 5.0（AI/IoT時代）
の学びと教育

提言19：これからの時代のスキルの特徴を知る

●昭和、平成、令和──Society 3.0からSociety 5.0の社会へ

　2019年5月より令和が始まりました。昭和、平成、令和、という時代の流れをよく考えると、西暦で時代を考えるとは異なる視座を得ることができます。

　昭和が終わり平成が始まった頃は、日本はいわゆる「バブル経済」の最高潮の時期でした。製造業を中心とする日本の企業が世界で活躍している時代でした。それから30年が経ち、平成が終わり、令和が始まりました。平成ではバブル経済崩壊後は日本経済の大きな飛躍が見られなかったものの、日本が戦争を直接経験しなかったという点で平和な時代でした。そして、平成の間に日本を含め世界は大きく変わりました。平成元（1989）年には東西を分断していたベルリンの壁が壊れ、その後、米ソの冷戦が終結しました。世界平和が来ると思われましたが、民族紛争が勃発し、宗教的な対立もなくなることはありませんでした。一方で、世界経済は、中国やインドをはじめとする国々

が経済力をつけ、貧困で苦しむ人々の数が相当減りました。その主な要因は、インターネットによるグローバル化です。

　人、もの、お金、情報などが国境を越えて行き来する現象は「グローバル化」と呼ばれます。平成の時代に、グローバル化を加速させたのがインターネットです。平成7（1995）年にWindows 95が登場し、それ以降、インターネットが急速に普及しました。インターネットを利用することができれば、世界中とつながることが可能になりました。これに伴い、金融を含む経済活動が世界規模で活発になりました。その潮流をつかんだ企業が平成の時代に台頭しました。その代表は、GAFAと呼ばれる、四大企業（グーグル、アップル、フェイスブック、アマゾン）です。インターネットが普及する世界で、情報を基盤としたサービスのプラットフォーム化に成功した企業が、平成の時代を象徴する企業となりました。

　内閣府が提唱するSociety 5.0の観点から考えると、昭和はSociety 3.0の時代でした。それは、工業化による社会です。この時代に、ものづくりで優れていた日本の企業は世界で大活躍しました。平成はSociety 3.0からSociety 4.0の社会へ移行した時代です。コンピュータが個人のものとなり、インターネットにつながり、情報があふれ、「もの」から「こと」へのサービスが経済活動や社会生活の中心を担うようになりました。

　令和は、Society 4.0からSociety 5.0の社会に移行する時代であると予想されます。Society 5.0は、AI（人工知能）やIoT（物のインターネット化）が牽引する社会です。2010年代は、スマートフォンが普及し、特に、iPhoneを販売するアップル社はSociety 4.0を象徴する企業となりました。スマートフォンは、4G（第4世代移動通信システム）によ

るところが大きいとされています。例えば、その処理速度は[1]、同じ iPhone でも 3G（第3世代）の iPhone4S であれば、DVD1 枚分のデータ（4.7 ギガバイト）をダウンロードするには「約48分4秒」かかりましたが、4G の iPhone8 では「約1分20秒」です。これが 5G（第5世代）の機種になると「約2秒」で行われると、理論上の最大値として推定されています。

「超高速・超低遅延・超大量接続・超大容量」をもたらす 5G が、令和の時代に導入されます。5G を支えに、AI や IoT の環境が整備され、Society 5.0 が実現されていくでしょう。例えば、自動運転車が現れることで新たな産業や職業が生まれるのも、これらを背景に社会自体が変わるからです。社会が変わるという意識や認識を持つのに役立つのが、昭和がどのような社会であったのか、そして平成がどのような社会であったのかという問いです。

昭和の社会を振り返り、平成の社会を振り返ることによって、令和の社会がどのような社会になるかが、想像しやすくなります。そのキーワードは、Society 5.0 です。すなわち、

　　昭和　Society 3.0

　　平成　Society 3.0 → Society 4.0

　　令和　Society 4.0 → Society 5.0

の枠組みで理解することで、「令和の時代は何が重要であるか？」を考えていく必要があります。

国際連合が 2030 年の実現に向けて推し進める SDGs（Sustainable Development Goals）（持続可能な開発目標）に関しても、Society 5.0 との兼ね合いで考えていくのが良いでしょう。気候変動をはじめとする環境問題や経済的不平等の問題のほとんどが、Society 3.0 の工業社会で

1　「映画が2秒でダウロード」『プレジデント』（2019 年 5 月 13 日号）

生み出されたものです。工業社会での発想でSDGsを推し進めるのではなく、Society 5.0の枠組みでより良い具体策を考え出すほうが、その実現が近づくものと考えられます。

　実際、内閣府だけではなく経団連（日本経済団体連合会）も「Society 5.0 for SDGs」という標語を掲げ、「SDGsの達成に向けて、革新技術を最大限活用することにより経済発展と社会課題の解決の両立するコンセプト『Society 5.0』を提唱します。」[2]としています。しかし、ここで気をつけておかなければならないことは、政府や企業まかせにするのではなく、市民としてSociety 5.0に参画するという自覚を持って行動を起こすことです。

●Society 5.0と問学

　政府広報CMとして放送されたもので、Society 5.0と呼ぶ近未来社会を描くものがあります。ある朝、スマートフォンの呼びかけで目覚めた女子高校生が、ドローンから顔認証の後に注文した靴を受け取り（ドローン宅配）、AIスピーカーに話しかけて店に昼食の注文をして（AI家電）、それを登校途中に店でもらい、スマートフォンで会計を済ませ（会計クラウド）、気になる男子高校生とともに運転手のいない自動走行バスで学校に向かう風景が写し出されています。これら一連の行動の途中で、祖母がネットを通じて遠隔診断を受けている場面や無人トラクターが畑仕事をしている場面（スマート農業）が出てきます。

　政府内閣府のホームページ[3]によると、Society 5.0をサイバー空間（仮想空間）とフィジカル空間（現実空間）を高度に融合させたシステ

2　日本経済団体連合会ホームページ　https://www.keidanren.or.jp/policy/society5.0.html（2020年2月24日閲覧）

3　内閣府のホームページ　https://www8.cao.go.jp/cstp/society5_0/index.html（2020年2月24日閲覧）

ムにより、経済発展と社会的課題の解決を両立する、人間中心の社会（Society）であると説明しています。このような近未来社会は、AI（人工知能）/IoT（物のインターネット化）が牽引する社会のことを指します。政府が 5.0 の社会と呼ぶ理由は、1.0 を狩猟社会、2.0 を農耕社会、3.0 を工業社会、4.0 を情報社会と位置づけ、それに続く新たな社会としているからです（**図7-1**（次頁）参照：Society 5.0 は第 4 次産業革命と呼応しています）。同ホームページからの説明を以下に引用します。

　「これまでの情報社会（Society 4.0）では知識や情報が共有されず、分野横断的な連携が不十分であるという問題がありました。人が行う能力に限界があるため、あふれる情報から必要な情報を見つけて分析する作業が負担であり、年齢や障害などによる労働や行動範囲に制約がありました。また、少子高齢化や地方の過疎化などの課題に対して様々な制約があり、十分に対応することが困難でした。

　Society 5.0 で実現する社会は、IoT（Internet of Things）で全ての人とモノがつながり、様々な知識や情報が共有され、今までにない新たな価値を生み出すことで、これらの課題や困難を克服します。また、人工知能（AI）により、必要な情報が必要な時に提供されるようになり、ロボットや自動走行車などの技術で、少子高齢化、地方の過疎化、貧富の格差などの課題が克服されます。社会の変革（イノベーション）を通じて、これまでの閉塞感を打破し、希望の持てる社会、世代を超えて互いに尊重し合あえる社会、一人一人が快適で活躍できる社会となります。」

　とても明るい近未来社会が描かれています。紹介したコマーシャルの最後にも女子高校生が、微笑みながら「未来が楽しみでしょ」と言って終わっています。少し考えれば分かることですが、これまでの社

会（1.0 ～ 4.0）での考え方や振る舞い方は、それぞれで異なります。
5.0での社会でもそれが当てはまります。今までの考え方や振る舞い
方だけでは明るい未来を望むのは難しくなります。

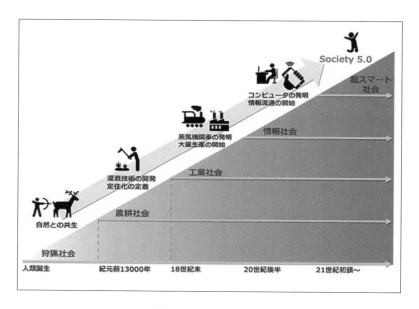

図 7-1　Society 5.0 とは
出典：日本経済団体連合会

　現在の考え方や振る舞い方に大きな影響を与えている学校教育は、
3.0の社会において始まりました。Society 5.0における教育を考える際、
それに相応しい教育内容や教育方法が求められます。その教育方法や
学習方法の1つが「問学」です。なぜなら、学ぶことに長けているAI
と共存するには、人間は問うことに長けていることが必要であるから
です。人間が、新しい社会とは何であるかを問い、その社会で生きる
人間とは何かを問い、それらの問いから得た智恵を持ってAIと暮ら
すことで初めて、明るく楽しい未来が到来するものと考えます。

●Society 5.0（AI/IoT 時代）のスキル

　図7-2は、これからは高いスキルを持った（highly skilled）人材が必要になることを示しています。トーマス・フリードマン氏[4]は、「AI/IoT（人工知能／物のインターネット化）などにより加速するデジタル社会（著者注：Society 5.0のこと）」「グローバル化する市場」「地球温暖化が進む地球環境の危機」に焦点を当て、今日の社会では、依然として「高給で高いスキルの仕事」（high-wage, high-skilled jobs）は存在するが、これまでの「高給で普通のスキルの仕事」（high-wage, middle-skilled jobs）はないと述べています。

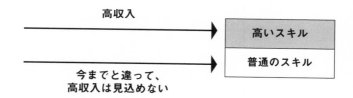

図7-2　AI/IoT 時代のスキル（Skills）と収入の関係
出典：著者作成

　AI/IoT時代においては、コンピュータの処理能力が1年半から2年で倍になるという「ムーアの法則」（Moore's law）によって、急速にAIが進化していることが背景にあります。AIが囲碁の世界チャンピオンを負かした事例からも、AIでは不可能と考えられてきた高度な知能を要する分野においても、AIによる人の仕事の代替が起こっています。

4　Thomas L. Friedman（2017）*Thank You for Being Late: An Optimist's Guide to Thriving in the Age of Accelerations*, Picador USA：Reprint（トーマス・フリードマン著、伏見威蕃訳（2018）『遅刻してくれて、ありがとう　常識が通じない時代の生き方（上）（下）』日本経済新聞出版社）

　身近の例としては、高校で英語を教えている著者は、Google 翻訳
の機能が劇的に向上しているのを知り、日本で行われてきた、英文法
に基づき英語を日本語に訳すという「文法訳読式」（Grammar
Translation Method）が、ほとんど要らなくなるではないかと予感して
います。**図 7-3**から分かることは、「文法訳読式」は Society 3.0 に行
われてきました。「反転授業の動画配信」は Society 4.0 のインターネ
ットの時代において可能になり、Google 翻訳をはじめとする AI 翻訳
は Society 5.0 において活躍するものと予想できます。

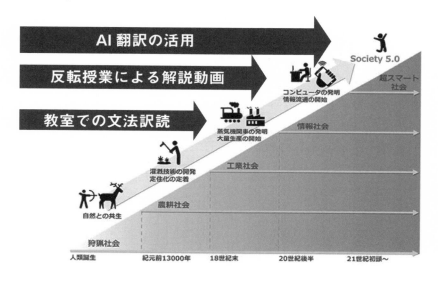

図 7-3　Society 5.0 と英訳の方法
出典：日経連の資料をもとに著者作成

　今までは英語を日本語で介して理解する方法を教えることに膨大な
時間をかけてきました。この方法を習得するのに膨大な時間だけでな
く努力も要しました。その上、英語運用能力を培うとなると、さらな
る時間と努力を要しました。これらが、AI により、英語から日本語、
日本語から英語の変換がある一定のレベル（仕事を行ううえで支障な

い程度）まで瞬時にできるようになると、授業で英語を学ぶ必要性がほとんどなくなります。なぜなら、AIによって、英語での意思疎通を行うのには、英語を直接理解する必要がなく、その内容を日本語で理解でき、逆に、伝えたいことを日本語で表現するだけで事足りるようになるからです。

　その例として夏目漱石の小説『吾輩は猫である』の冒頭部分のGoogle翻訳による英訳を紹介します。文脈を読み取ることができないためトンチンカンな英文もありますが、全体的にはかなりできの良い英文です。

「I am a cat. There is no name yet. I have no idea where I was born. Everything remembers only those who were crying Nyana at a damp and damp place. I first saw human beings here. Moreover, when I listen to it later, it seems that it was the most violent tribe in the human beings as a student. This story is a story that we sometimes catch us and eat it boiled. But since I had no idea at the time, I did not feel afraid.」（Google翻訳）

「吾輩は猫である。名前はまだ無い。どこで生まれたかとんと見当がつかぬ。何でも薄暗いじめじめした所でニャーニャー泣いていた事だけは記憶している。吾輩はここで始めて人間というものを見た。しかもあとで聞くとそれは書生という人間中で一番獰悪な種族であったそうだ。この書生というのは時々我々を捕えて煮て食うという話である。しかしその当時は何という考えもなかったから別段恐しいとも思わなかった。」[5]

　この英語訳は2017年の時点でのものです。先ほどの「ムーアの法

則」とAIを向上させる「機械学習」（Machine Learning）により、日々膨大の情報を処理して自ら学習するAI翻訳の機能は、今後もその質の飛躍的な向上が予想されます[6]。生徒にとって、何時間もかけて身につけるのがAIに劣る英語力であれば、それにかける時間を他の学習に回す方が良いという意見や政策が出てきてもおかしくありません。

　この状況を論理的に考え進めると、「英語教育がなくなるのか」という問いが予想されます。それに対する著者の答えは、「なくならない」です。ただし、英語教育の内容が大きく変わるでしょう。英語で情報を得て知に変えたり、交渉などの場面で英語の話者に説得や納得させたり、といった高度なレベルのスキルを習得するための授業になるでしょう。教員にもそのような授業をするスキルが求められます。生徒がそこまでのスキルにたどり着くことがなければ、今までのように時間をかけて英語学習をする必要はなくなってきます。それよりも別のこと、例えば、AIを使って英語を翻訳した日本語を読むにしても、その内容を理解するに足りる読解力の養成や、翻訳した英語が相手に理解しやすい日本語の書く力や話す力をつける学習に時間をかけたほうが良いかもしれません。

　英語教育の例を挙げて説明しましたが、具体的な高度なスキルとして、先ほどのフリードマン氏は、昔からある「読み、書き、計算能力」に加え、「創造性、協働性、コミュニケーション、コーディング（コンピュータ用のプログラム組むこと）」を紹介しています。時代が目まぐるしく変化する中で、それに対応することができるスキルの習得が求められます。それは、間違いなく、今までよりも高度なスキルで

6　読売新聞「論点スペシャル　AI翻訳進化　英語教育必要？」（2017年9月14日）では、AI翻訳の実力はTOEIC 900点に相当すると報じ、ニューズウィーク日本版（2020年3月3日発行）特集記事「AI翻訳で英語学習法はこう変わる」では、TOEIC960点の水準にあると報じている。

す。知識基盤社会における新たな知の創造は、これらの高度なスキル
を習得し発揮することで達成できるのです。

●人生100年時代とスキル

　ロンドン大学経営大学院のリンダ・グラットン（Linda Graton）教授[7]は、長寿により寿命が100年を超えることが予想される中で、人生の過ごし方が大きく変わることを述べています。20世紀の人生設計は、生後は「教育」→「仕事（就職）」→「定年退職（老後）」の3段階を経て死に至るというものでした。退職する年齢（60歳〜65歳）から、寿命（80歳〜85歳くらい）まで、おおよそ20年から25年間、老後を過しているのが現状です。

　先進諸国では、医療の発達や衛生状況が改善されることで、この1世紀の間で寿命がおおよそ30年延びました。しかも、今後も寿命が延びることが予想され、同書によると今日の新生児は5割以上の確率で100年以上生きることが予想されています。

　このような100年を生きることが前提となる時代では、これまでの「教育→仕事（就職）→定年退職（老後）」の人生サイクルが通用しなくなります。65歳で定年になってからの人生が長く、それを支える年金制度を維持することが不可能になります。年金制度を含めた社会保障制度の維持は難しくなるために、国家運営のあり方や市民の生き方を根底から考え直す必要性に迫られます。

　グラットン氏は、100年を超えるような長い人生において、これまでの単線の人生経路ではなく、1つの仕事に就き続けるのではなく、「マルチプル・ステージ：（転職、充電期間、再教育などの）様々な複数

7　Lynda Gratton and Andrew Scott（2016）*The 100-Year Life: Living and Working in an Age of Longevity*, Bloomsbury Business（リンダ・グラットン、アンドリュー・スコット著、池村千秋訳（2016）『LIFE SHIFT（ライフ・シフト）』東洋経済新報社）

の人生の段階」（multiple stages）を経ながら、人生を送るようになると述べています。このような人生における財産は、金銭などの有形財産（tangible assets）だけでなく、人とのつながりを含む無形財産（intangible assets）が大きな役割を果たすようになると予想しています。後者の無形財産には、知識やスキルが入ります。しかし、AI/IoTやグローバル化の進展などによる変化の激しい時代において、知識やスキルは、仕事を持つ前に教育を受けた期間で習得したものが一生通用することはありません。変化する時代に求められる知識やスキルを習得する、すなわちスキルアップは必須の課題です。ここで「問学」がその習得に大きく貢献します。

　これからの時代は、知識やスキルの向上を図りながら、キャリアアップすることの重要性は、日本においても語られています。この時代に、生涯にわたってより高度な知識やスキルを習得し続けるには、ICTが役立ちます。「Flipped Classroom」を「反転授業」と訳し日本に紹介した、東京大学の山内祐平教授は、75歳前後まで働くことを想定し、フォーマル学習環境とインフォーマル学習環境の望ましい組み合わせたモデルを提示しています[8]。

① （6歳〜22歳）現在の6歳までの「幼児教育」、18歳までの小学校・中学校・高校の「初等中等教育」、そして22歳までの大学などの「高等教育」を「生涯学習者としての基盤形成」時期とし、この期間を「フォーマル学習環境」で行っています。

② （22歳〜40歳）22歳くらいから40歳くらいまでを第1の職業期間とし「キャリア1」と捉えます。22歳までに学んだ知識やスキルを活かしながら、仕事で経験を積んでいくのですが、40歳くらいでも

8　山内祐平著「ICTメディアと授業・学習環境」秋田喜代美編集（2017）『学びとカリキュラム（岩波講座教育変革への展望第5巻）』

う一度時代に合わせた「学び直し」の時期を単年か数年にわたって
「フォーマル学習環境」を行います。

③（40歳〜58歳）その後は、40歳くらいから58歳くらいまでの仕事
を「キャリア2」とし、50代の後半で再び「学び直し」を「フォー
マル学習環境」で行いスキルアップします。

④（58歳〜75歳）さらにその後の58歳くらいから75歳くらいまでが、
最後の職業期間にあたる「キャリア3」です。

　今まではそれほど重要視されてこなかった②〜④の間で、「学び直
し」期間を設けるだけでなく、インフォーマル学習環境においても、
ICTを利用して、絶えず「オンライン学習による知識のアップデート
と学習共同体への参画」をしながら、時代や社会に対応した知識とス
キルの習得を続ける「生涯学習者」として人生を送ることが求められ
てきます。フリードマン氏は、「娘たちにとっての生涯学習は、なく
てはならないものになっている。それは、大学で学んだスキルで就い
た仕事以外の仕事をするために必要であるからだ。」（拙訳）というこ
とを述べています。生涯学習は、これからの時代には欠かすことがで
きないものであり、それを十分になすために「問学」の態度を身につ
けることが寄与するものと考えます。

まとめ

①昭和の時代はSociety 3.0、平成の時代はSociety 3.0 → Society 4.0、令和の時代はSociety 4.0 → Society 5.0であると理解することで、「令和の時代は何が重要であるか?」を考えていく必要があります。国連のSDGsもSoceity 5.0の枠組みで考えることで、具体策が見つけやすくなります。

②Society 5.0 における教育を考える際、それに相応しい教育内容や教育方法が求められます。その教育方法や学習方法の1つが「問学」です。

③ムーアの法則により急激に変化するAI/IoT時代（Society 5.0）では、AIに取って代われないスキルが求められます。

④「人生100年時代」では、生涯学習は不可避となります。人生の年齢に応じてスキルアップをし、時代や社会に応じた知識とスキルの習得を続ける「生涯学習者」としての人生を送ることが求められています。

提言20：「批判的思考力」と「高次思考力」における「統合」（synthesis）を理解し育成する

●日本での「批判的思考」（critical thinking）の受容度

　これからの時代において身につけるべき高度なスキルの例として21世紀型スキルが挙げられますが、その代表的なスキルとは、4Cs「コミュニケーション」「協働」「批判的思考」「創造性」（Communication, Collaboration, Critical thinking, Creativity）のことです。この4つのスキルの中で、特に日本で受け入れられ難いのが「批判的思考」です。しかし、この思考力の獲得を避けることができません。

　「論理的思考」に関する書籍は数多く出版されていますが、「批判的思考」のタイトルのつく書籍はそれほど多く見受けられません。ある日[1]、試しにAmazonの書籍欄のサイトで「論理的思考」で検索とすると、それに関する本の提示が1000件以上（「ロジカルシンキング」は991件）に対し、「批判的思考」では81件（「クリティカルシンキング」では321件）でした。この差は、「批判的」という言葉に起因するかもしれません。「批判的」という言葉から、発言者を否定的に攻撃するようなイメージを想起することがあるからです。

　日本では「批判的思考」は、英語圏などの西洋と比較して、浸透度は低いようです。例えば、Amazonの洋書欄では「論理的思考」の英語の「logical thinking」で検索すると、関連書籍の提示が1000件以上に対し、「批判的思考」の「critical thinking」では、なんと10倍の10000件以上と出てきました。日本での「批判的思考」と英語圏など

1　2020年4月20日検索

の西洋での「critical thinking」の受容度、温度差は雲泥の差となっています。

　この状況の下、日本で批判的思考の教育を十分に行わないのであれば、21世紀のグローバル化する世界で後塵を拝することになりかねません。

●批判的思考の教育を普及するためには

　日本で批判的思考を普及させる1つの方法として、「高次思考力」の導入があります。よく引き合いに出されるのは、ベンジャミン・ブルーム（Benjamin Bloom）氏の「教育対象の分類学」（Taxonomy of Education Objectives）を2001年にアンダーソン（Lorin W. Anderson）氏らが改訂した「分類学」（A Taxonomy for Learning, Teaching, and Assessing）です。

　アンダーソン氏らの「分類学」[2]では思考を以下のように配列しています（図7-4）。

　最初の①〜③は低次思考力（LOTS：lower order thinking skills）、そして④〜⑥は高次思考力（HOTS：higher order thinking skills）と位置付けられています。

　近年、高次思考力は日本の教育界でも広く認識されるようになっています。文科省が提唱する「学力の3要素」の1つである「思考力・判断力・表現力」が、2020年以降の学習指導要領で特に重点を置かれる背景も影響していることもあり、高次思考力が注目されています。

2　Lorin W. Anderson, David R. Krathwohl,etc（2013）*A Taxonomy for Learning, Teaching, and Assessing: Pearson New International Edition: A Revision of Bloom's Taxonomy of Educational Objectives, Abridged Edition,*　Pearson Education Limited

図7-4 ブルームの分類学（改訂版）

出典：著者作成

　高次思考力と批判的思考が関係するのは、低次思考力と高次思考力を合わせたブルームの分類学が、批判的思考として考えられているケースがあるためです。例えば、ケンブリッジ大学出版局のアカデミック用の英語教材として有名な『Unlock』は初級から上級までをカバーする教材であり、「Reading and Writing Skills」の「読み書くスキル」用と「Listening and Speaking Skills」の「聞き話すスキル」用の2種類が出版されています。2020年には全レベルでの改訂第2版が出版されました。『Unlock』のサブタイトルは、「Reading, Writing & Critical Thinking」と「Listening, Speaking & Critical Thinking」と変更され、「批判的思考」（Critical Thinking）が付け加えられています。

　その教材の「批判的思考」は、「ブルームの分類学」として扱われています。レッスンによって、どの思考力を育成するのかが明記されています。例えば、レッスン1では低次思考力の「理解する」と「応用する」、あるいはレッスン6では高次思考力の「分析する」と「創造する」、などです。この教材の興味深いところは、高次思考力を扱

うのに低次思考力から順番に上がるというのではなく、レッスンによりどの思考力に焦点を当て伸ばすかを考えて教材がつくられていることです。

　ケンブリッジ大学出版局の『Unlock』と双璧をなすオックスフォード大学出版局の『Q : Skills』も、2020年の改訂第3版で同様の傾向が見受けられます。両書とも英語学習者の入門から上級までのレベルをカバーしています。CEFR（「外国語の学習、教授、評価のためのヨーロッパ共通参照枠」）でのPre A1からC1まで（英検で言えば5級から1級）がそれぞれの冊子で学習できるようにできています。英語学習に加え、批判的思考力（Critical thinking skills）を高めることを両書は目指しています。

　両大学出版局の新テキストの共通の特徴は、著者が注目している「統合する」（synthesize）が教材の新たなポイントとして打ち出されていることです。

　『Unlock』[3]のディスカッション活動の中には「統合する」（synthesizing）ための活動が、どのレッスンにも以下のように取り入れられています。

　　「〈統合する（synthesizing）活動〉他の人と取り組みしょう。読み物1と読み物2からの考えを用いて次の質問に答えなさい。」（拙訳）

　『Unlock』の活動方法は、どのレベル（初級から上級）のテキストでも同じです。違いは、テーマに関する英語のレベルとそれに応じた質問です。「統合する」には高い認知能力を要しますが、内容が易しいものから始め、内容の難度を徐々に上げていくことができることを『Unlock』は示しています。

3　Unlock (Second Edition) Reading, Writing & Critical Thinking, Cambridge University Press

　同様に『Q：Skills for Success：Reading and Writing』（3rd Edition）[4] においても、ブルームの分類法に基づいた批判的思考の方略を活かして練習します。そこで具体的に示されているライティング活動は、2つの質問に対して以下のように、「統合すること」（synthesizing）を意識した活動になっています。

　　「統合する（synthesizing）活動：以下の質問で話し合う際に、読み物1、読み物2、そして単元のビデオについて考えなさい。それから、質問を一つ選び、その返事を書きなさい。」（拙訳）

　改訂版のブルームの分類法では「創造する」（create）に取って代わられた「統合する」（synthesize）が、両大学出版局の新しい教材では、意図的に取り入れられているのは、非常に興味深いことです。

● 「統合（する）」（synthesis/synthesize）の語感と重要性をつかむ

　著者が「統合（する）」（synthesis/synthesize）の単語に注目するようになったのは、経営学の洋書[5]を読んでいる時でした。それは次の箇所です。

　　「（企業の）意思決定者は、変わりゆく消費者のニーズおよび科学技術についての情報を必要とする。そのような情報は必ずしも手に入るとは限らない。たとえ、入手できたとしても、企業内で、意思決定者は情報を集め、分析し、<u>統合（synthesize）</u>し、そしてそれを基に行

4　Q: Skills for Success：Reading and Writing（3rd Edition），Oxford University Press

5　David Teece（2011）Dynamic Capabilities and Strategic Management: Organizing For Innovation And Growth，Oxford University Press（デビッド・J・ティース著、谷口和弘他訳（2013）『ダイナミック・ケイパビリティ戦略』ダイヤモンド社）

動しなければならない。」（拙訳）（下線は引用者による）

　それまでの著者が理解していた情報の流れは、情報を収集、分析、編集するというものでした。「情報処理」「情報編集」という概念が、情報に関しての理解でした。教育界において、教育改革実践家である藤原和博氏は「情報編集力」の大切さを発言されています。著者は「情報編集力」の大切さに共感していたため、それだけいっそう「情報編集」と「情報統合」の違いについて考え始めました。統合についての概念が理解できたのは、未来の教育についての書[6]でよく似た表現を見かけた時です。

　　「E.O.ウィルソン氏によれば、『我々は、智恵を求めながらも、情報の海で溺れている。世界は今後、統合者（synthesizers）たちによって動いていくだろう。統合者というのは、適時に適切な情報を組み合わせ、批判的に考え、賢明に重要な選択をすることができる人たちのことである。』（拙訳）（下線は引用者による）

　引用されている原書[7]を確認すると、その直前の文章は以下のようになっていました。

　　「科学技術のおかげで、あらゆる種類の事実に関する知識の入手方法は、各段に増加し、一方でそれにかかる費用は激減している。それは、グローバルな規模でそれも全般的に人々に行きわたるであろう。いか

6　Charles Fadel and Maya Bialik and Bernie Trilling（2015）*Four-dimensional Education: The Competencies Learners Need to Succeed*，Lightning Source Inc

7　Edward O. Wilson（1998）*Consilience: The Unity of Knowledge*，Knopf（エドワード・オズボーン・ウィルソン著、山下篤子訳（2002）『知の挑戦──科学的知性と文化的知性の統合』角川書店）

なるところでも、テレビ画面やコンピュータ画面でそのような情報を得ることができるようになるにはそれほど時間がかからないであろう。そうなると、どうなるのか？答えは明らかである。それは、<u>統合（synthesis）</u>である。」（拙訳）（下線は引用者による）

　おそらく、英語圏において弁証法（dialectic）である「正」（thesis）、「反」（<u>antithesis</u>）、「合」（<u>synthesis</u>）が情報を扱う時のキーワードになっているのでしょう。情報を集める際には、「正」の情報や「反」の情報を集め、それらを分析し、「合」することで、より高いレベルの情報に止揚・アウフヘーベンさせる意味合いが込められているように思われます。この過程には、当然、思考力は必須となります。この思考力が高次思考力の1つとして扱われています。

●高次思考力の「創造する」と「統合する」について

　前節では、日本であまり馴染みのない「統合（する）」（synthesis/synthesize）が英語圏では重要語であることを述べました。ウィルソン氏以外に、多重知能理論の提唱者として知られるハワード・ガードナー（Howard Garnder）氏[8]は、21世紀での重要な思考として「統合的思考（The Synthesizing Mind）」を挙げています。

　ところで、ブルームの改訂版である「思考力の分類学」は、「記憶する」「理解する」「応用する」「分析する」「評価する」「創造する」とされています。この中で最後の「創造する」に部分については、これを述べた原書[9]を当たると、次のポイントが述べられています。

8　Howard Gardner（2008）*5 Minds for the Future*，Harvard Business Press

9　Lorin W. Anderson, David R. Krathwohl,etc（2013）*A Taxonomy for Learning, Teaching, and Assessing: Pearson New International Edition: A Revision of Bloom's Taxonomy of Educational Objectives, Abridged Edition*，Pearson Education Limited

　「しかしながら、特筆すべき重要な点は、『創造する』範疇での多くの目標は独創性や独自性に依拠するものではないということである。目標に対して教師が意図することは、実は、生徒が（学習）教材を1つにまとめ上げる（synthesize）ことができるようになることである。そのような統合（synthesis）は、レポートや論文作成に必要とされることが多く、その作成において、生徒が期待されることとは、以前に教えられた教材を組み合わせて、1つのまとまった体裁に整えることである。」（拙訳）（下線は引用者による）

　創造性と言えば、独自性や独創性を連想する人が多いかと思います。しかし、「思考力の分類学」での「創造する」とは、必ずしもそれらによる必要はありません。「統合すること」が「創造すること」でもあるからです。

●オックスフォード大学と米国APプログラムでの「統合」について

　オックスフォード大学は世界大学ランキングで第1位[10]と称される大学です。そこではチュートリアルと呼ばれる少人数制（1～3名）の徹底した個別指導が行われていることで有名です。

　同大学教授である苅谷剛彦氏[11]は、チュートリアルで議論し小論文を書くのに「問いの立て方や展開」が大切であり、そのチュートリアルが目指すところが「個々のコミュニケーションと批判の能力（統合（synthesis）[12]・分析・表現）を発展させることにある」と述べています。

10　THE（タイムズ・ハイヤー・エデュケーション）世界大学ランキングによる。2020年度現在で、4年連続一位。

11　苅谷剛彦、石澤麻子著（2019）『教え学ぶ技術——問いをいかに編集するのか』ちくま新書

12　David Palfreyman（2008）*The Oxford Tutorial: Thanks, You Taught Me How to Think*, The Oxford Centre for Higher Education Policy Studies

　大学教育で身につける能力に「統合」（synthesis）が挙げられている
ことは、教養ある英語話者にとって「統合」（synthesis）は、知的能力
を示す言葉であると考えられます。

　ところで、米国にはAP（Advanced Placement）プログラムを設ける
高校があります。そのプログラムとは、高校で開講する大学の初級レ
ベルに値する授業を受講し、認定機関（College Board）が実施する試
験で、ある一定の成績を収めると、大学で履修単位として認められる
制度です。科目は多岐にわたり、文系・理系科目を合わせると30を
超える科目があり、「AP English Language and Composition」（英語と
作文）は最も人気がある科目の1つです。

　この科目の認定試験[13]は、英語の読解と作文に関して選択式問題が
60分間で実施され、小論文問題が2時間15分間（15分で問題文を読む
時間を含み、2時間で書く）で実施されます。小論文は質問3題（1題に
つき40分）に答える形で書くことになっています。そのうち一題が
「統合」（synthesis）に関する問題です。統合（synthesis）を求めている
箇所[14]を下に紹介します。

　　テーマに関する、次の出典の異なった6種類の英文（その紹介文を含
　　む）を注意して読みなさい。それから、少なくとも3種類の出典の英
　　文を統合し（synthesize）、エッセイにまとめなさい。そして、そのエ
　　ッセイは、首尾一貫し、よく展開されたものであり、土地収用権（引
　　用者注：この問題のテーマ）が有効かつ有益であるという考えを弁護
　　するもの、異論を唱えるもの、あるいは修正するもののうち、いずれ

13　AP English Language and Composition https://apcentral.collegeboard.org/pdf/ap-english-
　　language-and-composition-course-and-exam-description.pdf（2020 年 2 月 24 日閲覧）

14　2018 AP Engling Language and Composition Free-Response Questions https://apcentral.
　　collegeboard.org/pdf/ap18-frq-english-literature.pdf?course=ap-english-literature-and-
　　composition（2020 年 2 月 24 日閲覧）

かでなければならない。（2018年度問題）（拙訳）（下線は引用者による）

　英文の出典は米国司法局のものから、新聞記事、大学教授のブログ、NPO（非営利団体）の研究機関による報告書、風刺漫画、など多岐にわたっています。設問の指示の部分で、質問を読み、出典の英文を分析し（analyze）、評価する（evaluate）のに15分を当て、40分で小論文を書くことを勧めています。分析、評価、統合という高次思考力を試す試験となっているのが分かります。

　設問を一読するだけでも、かなり難易度の高い問題であることはすぐに理解できます。統合（synthesis）は、大学での学問に求められる思考力です。批判的思考の育成について考える際、ケンブリッジ大学出版局やオックスフォード大学出版局の教材を参照しながら、統合を含む高次思考力の育成について考えることで、より具体的な方法の手立てが見えてきます。

●PISAでの読解力の「統合」とAPでの「要約」と「統合」の違い

　2019年12月、その前年にOECDが実施したPISA（学力到達度調査）での結果に関して、日本の読解力の低下が話題になりました[15]。前回（2015年）の調査での国際順位が8位から今回は15位に落ち、平均点も前回よりも低くなりました。設問は、多様な形式のデジタルテキスト（ウェブサイト、投稿文、電子メールなど）を活用し、複数のネット上の情報を読み比べたり、事実か意見かを見定めたりする能力を問うものでした。上記のAP認定試験と問い方が似ています。

　OECDのPISAでの読解力についての報告書では、「読解力」

15　2019年12月4日朝日新聞など

（Reading Literacy）として、

　　①情報にアクセスし、取り込む
　　②情報を<u>統合（integrate）</u>し、解釈する
　　③<u>よく考え（reflect）、評価する（evaluate）</u>（下線は引用者による）

の読解プロセスを示しています[16]。
　PISA では、統合を「synthesise」ではなく「integrate」を用いていますが、同様の意味です。別の PISA の報告書[17] では、「integrating/synthesising」と表記されている箇所があります。統合以外に「よく考え、評価する」という高次思考力の領域も読解問題で測っていることが分かります。
　最後に、「要約」と「統合」の違いについて、AP の受験参考書[18] の解説文を紹介します。

　　「統合（synthesis）は、要約（summary）を超えるものである。要約とは、文章で作者が与える情報をすべて集め、それを効果的に述べることである。それに対し、統合は、AP 受験者は課題文を要約するだけでなく、課題文の作者のメッセージに基づき、新しい考えを表現できなければならない。それは全ての読解方略を合わせた究極の段階で

16　PISA for Development Reading Framework https://www.oecd-ilibrary.org/docserver/9789264305274-4-en.pdf?expires=1582534031&id=id&accname=guest&checksum=0350140A51CAD054964BE2E40CA74264（2020 年 2 月 24 日閲覧）

17　OECD（2019）*PISA 2018 Assessment and Analytical Framework*, PISA, OECD Publishing, Paris https://doi.org/10.1787/b25efab8-en.（2020 年 2 月 24 日閲覧）

18　Test Prep Books（2020）*AP English Language and Composition 2020 and 2021: AP English Language and Composition Prep Book with Practice Test Questions for the Advanced Placement Test (2nd Edition)*, Test Prep Books

ある。つまり、統合では、AP受験者は情報を順序づけ、詳しく述べ、要約し、創造して1つのまとまった新しい考えにする必要がある。」（拙訳）

　日本の読解力の再起、発展のためにも、「統合」（synthesis）を据えた高次思考力の育成が必要であると考えます。

まとめ

①日本では批判的思考は論理的思考よりも受容度が低い状況ですが、英語圏では批判的思考は広く受け入れられています。

②批判的思考は、ブルームの分類学では高次思考力（低次思考力は当然ながら）として扱われる場合があります。

③高次思考力の統合（synthesis）は、日本では馴染みがあまりない言葉ですが、英語圏での大学では批判的思考において重要な役割を果たしています。

④英語圏の教材や試験を参考に、統合（synthesis）を起点にして高次思考力の育成の方法を具体的に考案し実行することが可能になります。

提言21：ケンブリッジ大学の「Cambridge Life Competencies Framework」を参照し、「生きる力」の具体的な教育実践を考える

●「生きる力」「ライフ・スキル」（Life skills）と「ライフ・コンピテンシー」（Life Competencies）

　本書の第5章「スキル論」の提言13で、文科省が提唱している「生きる力」が英語ではよく似た概念を「ライフ・スキル」（life skills）として扱われていることを、シンガポールの教育省やWHO（世界保健機関）の事例を挙げて述べました。さらに、提言14では、OECDが2030年に向けての教育[1]として提唱するOECD Learning Compass 2030の「知識・スキル・態度及び価値観」から成る「コンピテンシー／資質・能力」を紹介しました。

　前提言で述べたケンブリッジ大学出版局の『Unlock』を含む英語教材は、一貫した学習の枠組みに基づき製作されています。その枠組みとは、「Cambridge Life Competencies Framework」（以下、CLCF）[2]と称される学習体系です。「ライフ・コンピテンシー」であるCLCFは、まさに「生きる力」を育成するための枠組みに仕上がっています。

　CLCF及びOCED Learning Compassの両者については、ネット上で情報を得ることができます。ただし、それらは英語で書かれているため、日本語で情報を得ることは難しく、両言語間の情報格差を痛感

1　OECD Future of Education and Skills 2030 https://www.oecd.org/education/2030-project/
　（2020 年 2 月 24 日閲覧）

2　Cambridge Life Competencies Framework https://languageresearch.cambridge.org/clc
　（2020 年 2 月 24 日閲覧）

します。

　次節からはCLCFの概略を説明します。概略と言っても、文部科学省が提唱する「生きる力」の情報量を大きく凌駕します。情報量の差とは、ケンブリッジ大学がCLCFを作成するに当たって、「学びの旅」（Learning Journey）と称する、初等教育就学前から、初等教育（小学校）、中等教育（中学校・高校）、高等教育（大学など）、そして職場にまで長きにわたる「生きる力」について詳細に記述されている量の差です。

　CLCFの概略を理解することで、日本での具体的な「生きる力」の育成方法を考えるヒントになることが期待されます。

●CLCFを構成するもの（その1）──6つのコンピテンシーと3層

　CLCFの中心は「コンピテンシー」（competencies）です。コンピテンシーについて、「紹介（Introduction）冊子」[3]には次のように説明されています。

> 「我々は、これらを『スキル』よりむしろ『コンピテンシー』と呼ぶことにしている。この枠組みでのコンピテンシーは複雑であり、3領域での発達が要求される。」（拙訳）

　3領域とは、「知識、スキル、態度」です。それらを次のように説明しています。

> 「知識は何かを上手にするために知っておく必要があるものである。スキルはコンピテンシーを使う際の習得や流暢さの度合いのことであ

3　CLCF Introduction https://languageresearch.cambridge.org/images/Language_Research/CamFLiC/CLCF_Introduction.pdf（2020年2月24日閲覧）

り、練習・鍛錬により得るものである。態度は、知識やスキルを身につけるのに必要とする気質やマインドセットを指す。」（拙訳）

　知識・スキル・態度をコンピテンシーとするのは、EU（ヨーロッパ連合）の「生涯学習のキー・コンピテンシー」（Key Compentencies for Lifelong Learning）の定義を一致している、と付け加えています。このような考えは提言14で示したコンピテンシーと同じです。
　実は、冒頭の「我々はこれらをコンピテンシーと呼ぶ」の「これら」とは次の6つのコンピテンシーのことです。

　　① 「協働」Collaboration
　　② 「コミュニケーション」Communication
　　③ 「創造的思考」Creative Thinking
　　④ 「批判的思考」Critical Thinking
　　⑤ 「社会的責任」Social Responsibities
　　⑥ 「学び方を学ぶ」Learning to Learn

　①から④は、提言20で触れた4Cs、すなわち「21世紀型スキル」を指します。⑤は、「市民性」と深く関わるものです。最後の⑥は、自立（自律）した学習者になるための能力です。
　これらのコンピテンシーを支える3層（layer）があり、その3層とは、

　　・「情動的発達」Emotional Development
　　・「デジタル・リテラシー」Digital Literacy
　　・「分野に関する知識」Discipline Knowledge

です。コンピテンシーの育成には、知識を含め、これらの3層を高め

ることも欠かせないことが分かります。

●CLCFを構成するもの（その2）――3つの次元と学びの旅

CLCFには次の3つの次元（dimension）があります。

> 広がり：1つのシステム内で移転できるスキルの完全な見通し
> 発展：スキルが学習段階を横断して発展する方法
> 深さ：教授と評価を実践的に行う上での充分な詳細（拙訳）

著者がこの3つの次元を一読して抱くイメージは、空間的なものです。「広がり」を横軸の一次元とし、「深さ」を縦軸の二次元とし、そして三次元空間で大きくなるのが「発展」あるいは「発達」です。CLCFでは、学びが進むことで、より多くの（広い）、確かな（深い）コンピテンシーが身につき、大きな（発展した）能力を獲得することを目指していくことが読み取れます。

年齢が上がるごとに「学びの三次元空間」が発展し大きくなるのは、CLCFが「学びの旅」と呼ぶ、初等教育前から、初等、中等、高等、そして職場にまで至る学びの過程で、詳細に記述された身につけるべき能力の数と比例するからです。

●CLCFを構成するもの（その3）
――核となる領域とCAN DOリスト

CLCFの6つのコンピテンシーには、それぞれに3つないし4つのCore Area（核となる領域）が示されています。例えば、「批判的思考（Critical Thinking）冊子」[4]（**図7-5**）のコンピテンシーには、

4　CLCF Critical Thinking https://languageresearch.cambridge.org/images/Language_Research/CamFLiC/CLCF_Critical_Thinking.pdf（2020年2月24日閲覧）

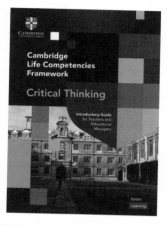

図 7-5　「批判的思考（Critical Thinking）冊子」表紙
出典：Cambridge University Press

①複数の考えのつながりを理解し分析すること

②考え、議論、そして意見を評価すること

③考えや情報を<u>統合すること（Synthesising）</u>（拙訳）

（下線は引用者による）

としています。ここでの批判的思考は、「理解・分析・評価・統合する」とされているので、前提言で示した「ブルームの分類学」と同じです。特に、「統合すること」（synthesising）が用いられていることは注目に値します。

　CLCFが優れているのは、さらに「CAN DOリスト」（Can Do Statements）がその核となる領域ごとに設けられ、それも「学びの旅」でのそれぞれの段階に合わせて細かく記述されていることです。例えば、「批判的思考」での「中等教育（中学校・高校）」のCan Doリストは以下の12のリストになっています。

①<u>複数の考えのつながりを理解し分析すること</u>；以下がCAN DOリスト

・異なる情報源から要点や議論を比較する。

・主要な議論とそれを支持する議論を区別する。

・議論の基本的な構造を確定する。

②<u>考え、議論、そして意見を評価すること</u>；以下がCAN DOリスト

・事実と意見を区別する。

・証拠とその信頼性を確定する。

・議論の仮説や推論を確定する。

・議論の妥当性に対する理由を挙げる。

・提案されたプラン（例えば、学校行事の計画など）の問題を確定する。

・問題の原因と結果を分析する。

・所定の問題に対する可能な解決法を検証し、それらがいかに効果的であるかを述べる。

・可能な解決法の長所と短所を評価する。

③<u>考えや情報を統合すること（Synthesising）</u>；以下がCAN DOリスト

・多様な情報源から要点を選び、新たな説明及び（あるいは）議論をつくり出す。」（拙訳）（下線は引用者による）

　上記のように中等教育（中学校・高校）での「批判的思考」を身につけるのに、3領域を設け、12項目ができるようになるためのCAN DOリストが設けられています。

批判的思考⇒核となる3領域⇒ 12のCAN DOリスト

　単純計算になりますが、他の5つのコンピテンシーでも各々が12だとすると、合計60の項目のリストになります。中等教育でのCLCFの6つのコンピテンシーのCAN DOリストは、総計72に達します。

　中等教育のみならず、就学前教育から高等教育ないし職場の全ての時期にわたる CAN DO リストがあり、その数は膨大なものになります。

●CLCFなどを参考に学習指導要領の重要語を考える

　学習指導要領の「生きる力」は抽象的な教育目標になりがちですが、「生きる力」の教育を具体的に行う際には、CLCF の CAN DO リストは参考になることは間違いありません。

　「生きる力」以外も参考になります。例えば「学力の 3 要素」においての「思考力・判断力・表現力」にしても、思考力に留まらず、CLCF ではより具体的に「批判的思考」や「創造的思考」を示し、それを身につけるための詳細な CAN DO リストが作成されています。

　あるいは「協働する態度」にしても、CLCF では「態度」だけに留まらず、コンピテンシーの構成要素である「知識・スキル・態度」から「協働」する力をいかに身につけるかを具体的に示しています。

　このように学習指導要領の内容を具体的に実行していく際に、日本語の情報からだけではなく英語の情報からもヒントを得ることができます。

　CLCF は、批判的思考を含むコンピテンシーを個々に解説した小冊子が存在します。CLCF 以外にも、本書で触れた OCED Learning Compass 2030 の主要概念を個別に解説した小冊子や AP プログラムのコース説明書（English language and composition）[5] は約 130 ページに至ります）があります。これら全てがネット上で手に入ります。

　しかし、これらは全て英語で書かれています。AI 翻訳を使用すれば、大体の意味は分かると思いますが、「統合」（synthesis）などの日本語

5　AP English Language and Composition https://apcentral.collegeboard.org/pdf/ap-english-language-and-composition-course-and-exam-description.pdf（2020 年 2 月 24 日閲覧）

ではなかなか理解し難い主要な概念を手に入れるには確かな英語力があるに越したことはありません。Society 5.0では、英語が使えるだけでなく、情報や知識を批判的に考え統合できる力も求められます。そのような力を得るのに、本章で述べたことが何らかの点で役立つことを願います。

まとめ

① 「生きる力」の英語表現である「Life Skills」（ライフ・スキル）に対して、スキルに留まらず、知識や態度を含めたものに「Life Compentencies」（ライフ・コンピテンシー）の表現があります。「Cambridge Life Compentencies Framework」（CLCF）は、それに基づき、21世紀型スキルの「創造的思考」「批判的思考」「コミュニケーション」「協働」のスキルのみならず、市民性を含む「社会的責任」そして「学び方を学ぶ」といった6つのコンピテンシーを育成する枠組みです。

② CLCFには、それぞれのコンピテンシーはさらに「核となる領域」のスキルに分類され、その領域ごとには詳細なCAN DO リストが作成されているので、具体的な指導をすることが可能になります。

③ CLCF以外にもOECDが2030年に向けての教育を示すLearning Compass 2030や米国のAPプログラムがあるので、それらを参考にすることで、日本での具体的な教育実践を考えるヒントを得ることが可能になります。

第Ⅲ部
実践報告

反転授業： アクティブ・ラーニング実現は 「問い学ぶ」 教育に道（よ）る

近畿大学附属高校　中西洋介

はじめに

　文部科学省は2020年度から次期学習指導要領を改訂し実施する予定であるが、その中で「アクティブ・ラーニング（AL）」が明記されることになっている（文部科学省、2015）。著者が長年教育に携わってきた高等学校においても、ALへの関心が高まっている。しかし、その一方で、教える内容が小学校や中学校よりも多くかつ高度になる高校では、効率的に教えるために講義形式の授業が今もなお多く行われている。この形式による授業によって、グローバル化やITの進展さらには人工知能の向上による急激な社会の変化に対応できる教育ができていれば良いのだが、果たして、そのような授業は変化に対応した学びにつながっているのであろうか。

　政治学者のLupiaは、市民教育（civic education）において市民が政治参加する能力（competence）には、それに関する知識（knowledge）が必要であり、その知識を得るためには情報（information）を得る過程を経なければならないと述べている。しかし、概して政治の情報は

市民には届かない、なぜなら人の注意力（attention）には限りがあり、政治のことよりも他の情報に向けられるからだ、とも述べている（Lupia、2016）。

　Lupiaが指摘した点を学校現場に当てはめて考えると、①「知識の基となる情報に生徒自身が注意を向けているのか？」、②「生徒は能力・スキルを身につけるのに必要な知識を得たのか？」、③「生徒は授業を受けた結果、ある種の能力・スキル（competence/skill）を身につけたのか？」という検討課題が浮き上がってくる。これらの中で看過されやすいのが、教師が教えた（と思っている）知識や情報は、生徒自身が十分な注意を払わないと、結局伝わることはないという点である。特に授業に関心が低い生徒に対しては、講義形式の授業はこの状況に陥る可能性が高い。

　その事態を避けるために効果的であると考えられる一手法が、反転授業である。これは、①価値のある「情報」を得て、②長期記憶として「知識」にし、③知識を活用して目標を達成するための「能力・スキル」を身につけるという一連の学びの循環を生み出すのに効果的な授業方法である。本稿では、「能力・スキル」を「必要な知識を活用し、ある課題（task）を達成するという成果（performance）を可能にするもの」と定義する。

　変化する社会に対応する「能力・スキル」を身につけるために、生徒は「知らないことを知り」「できないことができるようになる」学びを続けていかなければならない。本稿では、「学び」を「知識や能力・スキルを得ること」と定義し、この学びを行うための方法として、著者が勤務校で実践している反転授業を紹介する。

　反転授業は講義形式の授業よりも効果的な側面が見られるものの、その実践で明らかになったのが、授業方法としての限界である。生徒の学びを伸長させるには、知育の部分に焦点を当てるだけでは十分で

はない。感情や意欲をも含む「知情意」を全体的に引き上げる教育が望まれる。「知」のみならず「情」と「意」が密接に関わる主体的で深い学びには、「知情意」を押し上げる「問い」が不可欠になる。それゆえ、反転授業を十分に活かすのは、新たに「問い」を「学び」に加えた「問い学ぶ」教育の実践であると考える。そうして初めて、反転授業がALの一手法となると言えよう。

英語科の反転授業の目的

　著者が反転授業を始めた理由は、勤務校の英語科で、明治時代より百年以上も続いている「文法訳読式」（Grammar Translation Method）の利点を失うことなく、コミュニケーション力を養成する授業が、反転授業によって可能になると考えたからである。文法訳読式の利点とは、英語をまずは母国語を介して理解するということであり、コミュケーション力とは「相手が伝えたい内容を正確に理解し、相手に自分が伝えたいことを正確に理解させる能力」である。従来の授業では、日本語による理解に使う時間と英語によるコミュニケーション活動に使う時間はトレードオフ関係にあり、充分に両方を行うには授業時間が足りなかった。

　2020年を見据えて文部科学省が推進する英語教育改革の方向は、「聞く、話す、読む、書く」英語の4技能をバランスよく向上させる授業への改革である（文部科学省、2014）。しかし、同省の「平成27（2015）年度英語教育実施状況調査（高等学校）の結果概要」では、「授業における英語担当教員の英語使用状況」の項目で、教員が「発話をおおむね英語で行っている」と「発話の半分以上を英語で行っている」割合は、「コミュニケーション英語Ⅰ」が49.6％で最も高く、「コミュニケーション英語Ⅱ」46.1％、「コミュニケーション英語Ⅲ」

38.2％と学年が上がるごとに減少している（文部科学省、2016b）。このことから「英語で授業を行い、言語活動する」方向性に対して、教育現場では学年が進むにつれて、「日本語による解説と理解」に重きを置く「文法訳読式」に大半の時間を割く授業が行われていると推測される。学校現場においては授業時間の使い方について「日本語による解説と理解」と「英語による言語活動」とのどちらに重点を置くべきかの葛藤がある。

　そのような葛藤やトレードオフを解消する方法としての反転授業では、動画により教室外で「文法訳読式によって理解した知識」を獲得し、教室内では「その知識を活かし、パフォーマンスに変えるスキル」を育成するためのインプット活動とアウトプット活動に時間を割くことができる。要するに、教室外で得た英語の知識を確認し、その知識の活用によるスキルの獲得を目指す授業を教室で行うのが、著者が考える英語科での反転授業の目的である。

反転授業の実践紹介

　反転授業は「生徒・科目・目的」に応じて様々な授業スタイルがあるが、本稿では2015年度の実践について述べる。英語に重点を置いて学ぶコースではなく、英語についてはそれほど得意としない高校1年生の3クラスに対して反転授業を行った。反転授業を行っていない他の6クラスも同じく英語に重点を特別に置かないコースに所属し、学力面で均等に9クラスにクラス分けをされていた。そのため、定期考査においての得点比較が可能となった。

●実施時期・科目・評価

年度・期間：2015年4月〜2016年3月

科目：英語コミュニケーションⅠ（週に4時間：50分×4回）

検定教科書：Landmark English Communication Ⅰ（啓林館）を使用

評価：定期考査年5回（1学期中間、期末、2学期中間、期末、3学期期末）

●反転授業の参加者・方法

　勤務校では、週に4時間、高校1年生に対して「コミュニケーション英語Ⅰ」の授業を、検定教科書を用いて行っており、年5回の定期考査で教科書のレッスンの理解や定着の成果を評価している。著者は高校1年生3クラス128名（男81名・女47名）に対して反転授業を実施し、他の6クラスは、2人の教員がそれぞれ3クラスずつ担当し、反転授業でない形式の、いわゆる「文法訳読式」を授業内に組み入れた授業を行った。

●教員の準備手順

　教員の準備は、動画と予習用プリント作成である。

①動画作成

　解説動画は反転授業の大きな要となる。ワードに打ち込んだ英文をペンタブレットのソフトを用いて記入し、マイクを通して説明をする過程を撮影する。

録画編集ソフト：Camtasia Studio（TechSmith社）話すスピード、明瞭さ、声の大きさ・高さなどをチェック。

動画の長さ：10分を目安（生徒がビデオを視聴するのに集中力を維持させるため）

動画本数：40本（教科書の10レッスン×4パート）定期試験の解説動画などの状況に応じて適宜、追加の動画を作成。

動画内容：各レッスンの1パートの英文解説

②家庭学習プリントの作成と提出日の設定

　2015年度の生徒は中学時代から英語に対して苦手意識を持つ生徒が多く、学習方法を確実に定着するように導く必要があった。生徒に教室外で解説動画を視聴するように伝えても、それほど簡単に行動に移すわけではない。なぜなら、生徒全員が動画の視聴による予習を経験したことがないからである。そこで動画視聴を促すために予習用のプリントを用意し生徒に配布した。それは、左ページにすでに印刷されているレッスンの英文、右ページにはポイントとなる英文や文法項目などをチェックできるようにしたものである。

●生徒の家庭学習

①解説動画視聴と家庭学習プリント記入

　反転授業では、家庭学習を宿題ではなく授業の一部と位置づける。このため、生徒にとっては負担が増し、学習がうまくいかないのではという不安の声がある。しかし、逆にその不安を乗り越え、動画の視聴をうまく習慣づけることができれば、学習時間の質や量は確実に高まる。そのポイントは、授業の学習進度計画表を作成し、生徒とそれを共有することで日々の授業と家庭学習の結びつきを強固なものにするような仕掛けを行うことである（中西、2016）。

　計画表には動画を視聴して学習を終えておく日も記載されているので、その期限をめどに生徒は動画視聴を含めた予習を終える習慣をつけるように導く。解説動画は10分間をめどに作成しているので、生徒は家庭学習プリントの左側の英文の学習はその時間を起点とし、あとは右側の語彙的及び英文法的ポイントの学習を同程度行うことになる。

　生徒が英文の解説動画を視聴し、プリントにポイントを記入して学習するという活動はまさに、教室内で教員が板書を行いながら解説す

るのを聞き、ノートを取る活動と同じである。授業中の解説と異なる点は、分からない箇所は動画を戻し、何度も視聴できることである。当然、動画を繰り返し視聴する部分があり得るので、生徒の学習時間差は出る。それがまた動画を用いる利点とも言える。

②予想される問題点

　予想される問題点に「家庭学習の段階で解説動画を視聴しない生徒がいるのでは？」という懸念がある。この問題の解決策は、①家庭で学習する英文に予め慣れさせる（授業中の音読活動を通して）、②家庭学習プリントに取り組むことによって学習の成果を可視化する、③いつまでに学習プリントを終えなければならないかを明確に提示する（授業進度予定表の提示とプリント提出日の設定）ことである（中西、2016）。

　プリント未提出の場合、定期考査の得点以外の授業平常点から減点するという外発的動機、それも心理学で言う「損失回避」（Loss aversion）を用いたため、ほぼ全員の生徒がプリントを提出した。解説動画の視聴に関しては、勤務校がICT教育で採用しているプラットフォームに解説動画をアップロードしているので、生徒の視聴確認を行うことができる。この視聴確認により、ほぼ全員が視聴するようになった。

　しかし、それらの活動に取り組む学習の質は均一ではない。動画で解説した以上のことを自分で調べプリントに仕上げる生徒がいる一方、解説動画に書いてあることをただ単に写している生徒もいる。恐らく、この状況は授業でも同じことが言えるであろう。授業中に解説したことを工夫してノートに取る生徒もいれば、ただ板書したことを何も考えずにノートに写すだけの生徒がいるのと状況はあまり変わらない。

　それでも、反転授業が今までの授業よりも有効だと考えられるのは、教室内では英文を理解する確認だけでなく、定着するための活動をよ

り多く行うことにより、英語の文章が生徒の脳内に蓄積される可能性が高いことである。

●授業手順

　英語が苦手な生徒の多くは、単語の発音や英文の音読が苦手である。一因は、中学時代に音読にそれほど取り組んでいないことが挙げられる。単語や英文を、音声を通して学ぶというより、記号的に学習してきた生徒も多く、日本語訳ができる単語であっても正確かつ流暢に発音することが困難であることが多い。

　そのため、生徒が英文の解説動画を視聴する前に英文に対してある種の距離感を抱くのではなく親近感を持つように音読練習を行った。意味が明確に分からなくても、正確に単語を発音し、ある程度なめらかに英文を読むことができるようになれば、家庭学習する際に解説動画を視聴する抵抗感が低くなる。

　この音読練習は、次項で述べる「通常の50分授業」内ではなく、各レッスンを導入する最初の時間に行った。

●通常の50分授業

　通常の50分授業では、定期考査までに2レッスン（計8パート）を次のように行った。1巡目として1パートを下記の ①から⑤を行い（50分×8回）、2巡目として④と⑤を50分授業で2パートを繰り返した（50分×4回）。そして、最後の3巡目は時間短縮した④と⑤を4パート繰り返した（50分×2回）。つまり徐々に定着レベルに合わせて学習速度を上げながら、各定期考査の全範囲を合計3回繰り返し学習させたことになる。

①前回の復習〈5分〉
②本時の単語・熟語の確認と英文音読〈10分〉
③家庭学習プリントで学習した内容の確認テストと答え合わせ〈8分〉
④本時の英文の定着活動〈20分〉
⑤確認テスト〈7分〉

　①では、前回の授業で生徒がインプットした英語をできる限り使用することで、習った英語に触れる機会を増やす時間となる。②では、本時に扱う語彙や英文を短時間で復習することにより、英文に対する準備を行う。デジタル教科書の画面をプロジェクターで映し出し、練習する。生徒は顔を上げて音読するため、教師は生徒の顔を見て声を出しているかのチェックが簡単にできる。③においては、家庭学習の確認作業をする。通常、ワークシートを用いて、家庭学習プリントで学んだポイントの確認テストの答え合わせをする。④が本時の主となる活動で、費やす時間も多い。プロジェクターで映し出した英文の音読や、ワークシートを用いて個人（場合によりペア）の音読活動を行う。音読活動では変化を持たせ、数種類を行う。例えば、スラッシュ・リーディングやリード・アンド・ルックアップ、あるいはオーバーラッピングなどである。同じ英文の音読を繰り返すことによって、インプットの量を増やす。この活動を通して、扱う英文を長期記憶に収めるようにするのが大きな目的である。音読練習の目的は、理解した英文をできる限り長期記憶に変換し、定着させることである。最後の⑤はインプットした英語を確認するためのテストを行う。

●定期考査までの繰り返し学習によるインプットの増加

　授業中に日本語での解説時間を大幅に削減し、英語でのインプットの量を増やすことを可能にする反転授業は、定期考査の範囲である教

科書の2レッスンを3周して試験に臨むことも可能にする。試験範囲の英文を試験前に間に合うように終えるのではなく、試験の数週間前に一通り終え、残りの期間にあと2周、合計3周して試験を迎える。すなわち、授業単位においてもインプットの量が多いだけでなく、定期考査までに範囲を3周することで英文に触れる回数を増やすことによる繰り返し練習が英語の定着につながる。

反転授業の成果

●定期考査結果

　最終成績は、定期考査が90％に平常点の10％を加えた100点満点で算出された。ここでは比較を容易にするために定期考査の得点を100％に換算した。定期考査5回分に基づき、反転授業の3クラスの年間通しての平均得点率をA、他の2名の担当者それぞれの3クラスの平均得点率を、B、Cとする。その結果は以下の通りである。

　　A：79.7％　　（反転授業の3クラス）

　　B：72.2％　　（反転授業でない3クラス）

　　C：70.8％　　（反転授業でない3クラス）

　上記から分かるように、得点率にして、反転授業を受けたクラスが約7％～9％高い結果となった。この数字から教科書の英語の定着度は、通常の訳読式の授業方法に比べ、反転授業のほうが高いことが示された。

●英検（実用英語技能検定）合格者数

　さらに定期試験以外の成果では、英検（実用英語技能検定）の準2級合格者数がある。勤務校は大学附属校であり、ほぼ全員が大学進学

を希望する。系列大学に進学する際に、高校での学習成果を示すものとして、英検の取得を勧めている。文部科学省も達成目標として、高校卒業段階において、英検の2級あるいは準2級に合格する程度の英語力をつけるように推奨し、取得状況を調査している（文部科学省、2016b）。著者が担当した2015年度の生徒には特に英検の取得を奨励したため、2016年1月の1次筆記試験で、1クラス（43名）中30名が希望して英検準2級を受験した。その結果、22名が合格、うち2次試験の面接試験での合格は17名であった。同一コースでは、他のクラスよりも準2級の合格者数は多かった。

●生徒の声

　反転授業を受けた感想に関して正式なアンケートをとっていないので、正確なデータを示すことはできないが、テレビ・新聞で紹介された生徒の声を紹介する。

　　「（動画で）自分が分からないところを何回も聞き返せるので分かりやすい。」（女子生徒）（フジテレビ、2013）

　　「予習するからこそ、実用的な英語を学べている。」（男子生徒）（読売新聞、2014）

　　「学校ではたくさん英語を話せるので楽しい。時間が過ぎるのが早く感じる。」（男子生徒）（日本経済新聞、2015）

　これらの発言から、動画視聴の利点や教室内の様子を垣間見ることができる。

●成果の要因と能力・スキルの向上

　定期考査での高得点の結果から、反転授業の利点は、教科書の内容の定着度が高いということである。教室内の授業において英語に関する説明を聞く時間よりも英語を自分で使用する時間が、伝統的な授業

（本稿では「文法訳読式」授業）よりも遥かに多く、かつ効果的に使えることである。具体的には、反転授業により、定期試験の範囲である教科書の2レッスンを3周して試験に臨むことが可能になったことが大きいと言える。英語が比較的苦手な生徒は、英語のインプットがうまくいかないことが多い。試験範囲の英文を試験前に一通り終えるのではなく、数週間前に一通り終え、残りの期間にあと2周して試験を迎える。試験前の一夜漬けなど全く不要になる。すなわち、授業単位においてもインプットの量が多いだけでなく、定期試験までに範囲を3周することで英文に触れる回数を増やすことにより、他の方法で学習した生徒よりも確かな定着ができたのが、成果につながった要因だと考える。さらに、Lupia（2016）が述べている「人の注意力（attention）」に関する限界に関しても、生徒の声から、彼らが動画や音読に集中して注意を払っていることが伺える。生徒の注意力を英語学習に向けることができたことも成果の要因である。

　英検準2級にチャレンジし、合格した生徒数も多かったことから、「必要な知識を活用し、ある課題（task）を達成するという成果（performance）を可能にするもの」と定義づけた「能力・スキル」を獲得した生徒をより多く育てたと言える。つまり、反転授業により、「知識や能力・スキルを得ること」と定義づけた「学び」の域に達した生徒が他クラスより多かったとも言えよう。

●成果を生むための教師の役割

　著者は学習の成果を生むには3要素のMMTが不可欠だと考えている（中西、2014）。それは、「Mindset」（心的態度）、「Method」（方法）、そして「Time」（時間）である。①「やる気」「やり抜く力」「自制心」などを持って（「Mindset」の部分）、②学習者に合った方法で学び（「Method」の部分）、③学習目標を達成するまで時間をかける

（「Time」の部分）といった、3要素が揃って初めて成果を生むと考える。この3要素から反転授業を考えると、家庭学習及び教室内での学びの形態を変える点で「Method」と密接な関係があり、教室外において「Time」に対して影響を及ぼす。しかし、これら3要素の中で反転授業の力の及ばないものが、生徒の「Mindset」である。

　「Mindset」に影響を与え学習効果を高めるうえで、学習者である「生徒」と学習対象である「英語」の間を結びつける役割を担うのが「教師」である。元来、英語学習に対して高い動機を持つ生徒は、学習対象である英語との心理的な隔たりはなく「Mindset」は問題とならない。「Method」と「Time」のみが学習成果を出す検討課題となる。一方、それほどの学習動機を持たない生徒は、英語との心理的な距離は遠く、学習成果のカギを握る「注意力」（attention）を英語に向けることが困難であり、その注意力の欠如の結果、効果的な学習方法や学習時間を用いても、成果を生み出すことは難しい。いかに生徒の注意力を学習対象に向けさせ、維持させるかは、感情や意欲の領域の「動機」と密接に関係する。そこで、生徒の学習動機を高め、注意力を学習に向ける刺激やきっかけを生む要因となるのが、教師の存在である。

　学習対象である英語という世界と生徒をつなぐ役割として、教師が生徒に伝える言葉や態度は重要になる。特に、生徒の感情に訴えかけ、意欲を喚起する教員からの発問や発言が中心的な役割を担う。授業での発問や発言を通して、ひいては、さらに生徒自身からの発問や発言を通して、将来の目標や希望を教師と生徒が共有し、かつ教師と生徒との相互の信頼関係が「Mindset」の構築に必須部分となる。

　学習者のロールモデルとしての教員は、特に英語に対して心理的距離が遠い生徒への影響力は大きい。真摯に学び続ける姿勢を教師自らが示さずに、生徒にそれを求めることは不可能であろう。今まで行っ

てきた解説を動画に任せることにより、授業では新たな知見や体験を提供することができる反転授業は、生徒だけでなく教師もともに「学び続け成長する」ことができる授業方法であり学習方法でもある。

今後の課題・結論

●「受動的・反応的な学び」から「主体的な学び」へ

　著者が実践している反転授業は、教室内で講義による「教師中心の授業」から英語を定着するための活動を行う「生徒中心の授業」展開を意識している。生徒が中心となり授業に取り組む点では、アクティブ・ラーニング（AL）の形になっていると言えるだろう。しかし、本当にALをしているのかという懸念がある。「生徒全員が主体的・対話的で深い学びを行っているのか？」という観点から著者の実践を検討すると、改善の余地が残されている。

　「教育者」と「学習者」の9パターンの組み合わせ（34頁）から様々なことが見えてくる。本稿では反転授業の有効性と関わる点を指摘する。まず初めに、この組み合わせの中で、「主体的学習者」（PL）／「主体的教育者」（PE）の組み合わせが、反転授業において、最も学習効果を生むと考えられる。学ぶ者も教える者もともに「主体的な学び」（proactive learning）に関わるので、理想的な状態である。

　だが、現実はそれほど甘くない。著者の実践の場合、「反応的学習者」（RL）／「主体的教育者」（PE）段階だと考えている。著者が担当する学習者の3タイプの割合は、家庭学習プリントや授業中の取り組む態度、さらには定期試験の得点などを考慮した結果、おおよそ「主体的学習者」（PL）は2割、「反応的学習者」（RL）は7割、「不活発（受動的）学習者」（IL）は1割だと推測される。そのため、いかに

して「不活発（受動的）学習者」（IL）を含め「反応的学習者」（RL）である生徒を一人でも多く「主体的学習者」（PL）に引き上げるかが、現在の課題である。この課題を克服するために、前項で指摘した「信頼関係形成」及び「ロールモデル」などの観点が、「反応的学習者」（RL）を「主体的」（Proactive）に変容させる一助となるであろう。しかし、これだけでは十分ではない。

　著者は、「主体性」（Proactivity）は「領域限定的」（domain specific）であり、「領域が限定されず汎用的」（domain general）ではないと考えている。つまり、誰もが主体的な性格特性を持ち合わせているが、それは全ての場面で発揮することはない。仮に学習に対して主体的でなくてもスポーツや趣味において主体的になることは大いにあり得る。他の場面や領域に向けられた「主体性」を学習に向けることが、「主体的・対話的で深い学び」を実践する上で大きな課題となる。ALを実現するためには、今後「反応的学習者」（RL）あるいは「不活発（受動的）学習者」（IL）の潜在的な学びに対する「主体性」を引き出す実践と研究が期待される。

■参考文献

中西洋介・芝池宗克（2014）『反転授業が変える教育の未来──生徒の主体性を引き出す授業への取り組み』明石書店

中西洋介（2016）「反転授業と家庭学習」『英語教育』Vol.65 No.7，13頁，大修館書店

日本経済新聞（2015）「学ぶ『反転授業』で深掘り」（2015年7月31日（金）夕刊）

フジテレビ（2013）「めざましテレビ　More Sevenでの特集」（2013年7月18日放送）

毎日新聞（2013）「注目される『反転授業』──自宅で動画の授業を、教室で復習・応用を」（2013年11月26日（火）朝刊）

文部科学省（2014）「今後の英語教育の改善・充実方策について　報告～グローバル化に対応した英語教育改革の五つの提言～」 http://www.mext.go.jp/b_menu/shingi/chousa/shotou/102/houkoku/attach/1352464.htm

文部科学省（2015）「学習指導要領などの理念を実現するために必要な方策」 http://www.mext.go.jp/b_menu/shingi/chukyo/chukyo3/siryo/attach/1364319.htm

文部科学省（2016a）「次期学習指導要領等に関するこれまでの審議のまとめ　補足資料 」http://www.mext.go.jp/b_menu/shingi/chukyo/chukyo3/004/siryo/__icsFiles/afieldfile/2016/08/29/1376580_2_4_1.pdf

文部科学省（2016b）「平成27年度　英語教育実施状況調査（高等学校）の結果概要」http://www.mext.go.jp/component/a_menu/education/detail/__icsFiles/afieldfile/2016/04/05/1369254_3_1.pdf

読売新聞（2014）「教育ルネサンス No. 1928 反転授業 5」（2014年5月28日（金）朝刊）

Lupia, A.（2016）*Uninformed: Why people know so little about politics and what we can do about it*, Oxford University Press

＊本稿の著作権は一般社団法人大学英語教育学会に帰属します。

級友との練磨：「問い学ぶ」教育による「生きる力」の育成

近畿大学附属高校　芝池宗克（反転授業研究会会長）

目標

「今日のような情報が溢れる時代には、情報の波に流されるのではなく、自らが主体的に情報を取捨選択する態度が望まれます。その時の『ものさし』になるのが『問い』です。適切な『問い』により、正しい情報へのアクセスが可能になるだけでなく、情報を分析し、すでにある知識や他の情報と統合することによって、問題解消にたどり着くことや新たな知を創造することも可能になります。」

（反転授業研究会・問学教育研究部の設置趣意書より）[1]

　数学の授業では教師が発問することが中心で、生徒が「問うこと」はあまり重要視されず、「学ぶこと」に重点が置かれ、教師から効率よく与えられた情報や知識を理解し活用する能力が望まれてきました。

1　反転授業研究会・問学教育研究部ホームページ（http://www.mon-gaku.com/）

この方法は数学の定型的な問題解決のスキルは獲得できますが、問題発見・問題作成スキルは身につきにくい学び方です。また、個人中心に学びが行われるため、対人関係スキルを身につける場ではありませんでした。たとえこれらのスキルの育成をしようと考えたとしても、時間的な制約のためにその育成のための時間を十分に費やすことが困難でした。

　これらの問題点を解消するために、ICT を活用した授業設計を行うことによって、生徒中心の活動に重点を置く授業展開を行い、数学力だけでなくプラスアルファの力もつけることができるのではないかと考えました。その具体的な方法が反転授業でした。反転授業は解説動画を用いるので、今まで行っていた教室内の学びを教室外に持ち出すことで、授業時間を柔軟に使うことが可能になりました。現在は、その時間を活用しながら、生徒自身が「問うこと」と「学ぶこと」をバランス良く行う（問学する）ことによって、思考を深化・定着させると同時に様々なスキルを習得する授業ができるようになっています。

　生徒自身が、これからの時代を生き抜く力として、数学力に加え、問題発見・問題解決および対人関係スキルの力を身につけることが、私の授業目標です。

授業デザインと時間配分

　反転授業を実践し始める以前は、私の授業は教師主導でした。しかし、反転授業を始めることで、教師主導だけではなく、協働的な学びに取り組むことができるようになりました。その理由は、反転授業は教師による一方的な講義を動画にして授業中の講義時間を削減することで、発表スキルの育成などの様々な取り組みに多くの時間を当てることができるからです。

授業デザインは以下の通りです（図1）。

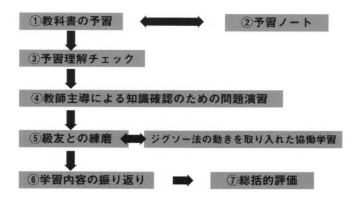

図1　授業デザイン（2016）

出典：筆者作成

ステージ1 内容理解部分（主に家庭学習における予習）①②
ステージ2 内容定着部分（授業中に行う教師主導の授業）③④
ステージ3 内容活用部分（「級友との練磨」による協働学習）⑤
ステージ4 振り返り（一連の流れから学んだことの確認をする）⑥⑦

　ステージ1では、長期休暇や週末を利用するように早目の取り組みを促しています。

　ステージ2では、教師主導の授業展開が中心ですが、ペアに座らせていて、教師からの発問に隣同士で答え合う形式をとり、相互学習・相互点検をさせています。

　ステージ3では、「問い」を中心にした「級友との練磨」です。

　ステージ4では、「問い」を行った結果、「学ぶ」に至った知識やスキルの確認部分です。

　これら一連の流れの時間配分を**図2**に示します。

（例）週4時間×5週20時間の授業時間配分

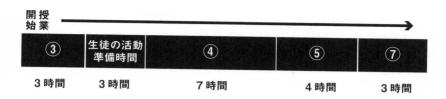

図2　授業の時間配分

出典：筆者作成

※ ①②⑥は家庭学習で行う部分です。

※ 生徒の活動準備時間とは、各グループで問題解答作成および解説動画を作成するための活動時間のことを意味します。

「級友との練磨」で育む力

　ステージ3では、生徒が作問し、それを他の生徒が解き、作問した生徒が採点および解説するという取り組みです。まさに生徒の、生徒による、生徒のための新たな数学演習の形です。このような学びを私は「級友との練磨」と名付けました。

　これには「作問する」「解説する」「採点及び解説動画を作る」という活動があり、それぞれに重要な意義があります。それらを以下に詳解します。

●生徒が作問する意義

　生徒が作問することで次のような効果が期待できます。

　① 問題の本質が見える

　② 解答が出ない問題に当たることもあり、それを分析することで理解が深まる

　③ 級友にとって良い問いかけを行うために、自分の持っている知識・想像力をフル活用することで共生の感度を養える

④ まだ誰も考えたことのない新しい問いかけを創造することができる

⑤ 出題者の意図などが読めるようになる

これまでの演習問題は、問題集や先生から与えられるものと相場が決まっており、生徒はそれを解くことのみを行ってきました。しかもそれは答えがきちんと存在しており、定型的であり、ネット上を含めて、どこかにその解法が存在する問題でした。

もちろん受験数学をマスターする上では有効で、効率的な学習方法であることは否定できません。しかし、与えられた問題を解くだけでは答えを得ることに注意を払い過ぎてしまい、その過程を分析するという深い思考が省かれる危険性があります。ましてや個人の活動に終わっていたのでは、「共生の感度」や「協働する力」は獲得できません。

ただし、注意すべきことは、生徒だけが解説していても、知識の深まりは必ずしも望むことができないということです。生徒たちが作問によって獲得した知識と、教師が持っている知識の深さをバランス良く混ぜ合わせていくことが重要です。

●生徒が解説する意義

解説する生徒に私が課していることがあります。それは解説を聞いている生徒に対して必ず良い問いかけを行うということです。「問い」により「学び」が促進されるからです。

発問は、聞いている生徒の「注目」「気づき」「修正」「定着」「習熟」「深化」「応用」「ピアメタ認知介入[2]」を促す効果があります。

2　ピアメタ認知介入とは筆者による造語。メタ認知（自分の思考や行動そのものを対象として客観的に把握し認識すること）をさせるための友人からの問いかけのこと。

　解説を黙って聞いているだけでは、十分な思考をしていない可能性があるので、思考を活性化させて深い学びに誘うような多くの良い発問が必要かつ重要となります。

●生徒が採点する意義・解説動画を作る意義

　生徒が採点することの意義は、自分を採点者の立場に置くという行為の練習です。立場を変えることで、異なったものの見方や考え方を得ることができます。

　ここで注意すべき点は、友達の成長を本当に思う気持ちを持ち、厳しい態度で採点するということです。いい加減な採点では級友との信頼関係は生まれません。

　また、生徒が解説動画を作る意義は、どのように解説を行えば相手に分かりやすく伝えられるかを考える機会の提供でもあり、共感力を育む機会でもあります。

　このようにグループの仲間とともに採点をし、解説動画を作成することで、他者と協働してものを作るということを経験し、共感する力を養いながら対話的な学びの場も作っています。

「級友との練磨」授業実践例

　授業では生徒たちが作問した問題を教材として使用しています。生徒の創造性を最大限引き出すために、具体的な作問の指示は出さず、作問範囲と「級友のための作問」という観点から作問をするように指示を出しています。例えば、今までに学んだ分野と融合させた問題を作成するなど私が思いもしなかった作問が見られました。

　生徒たちの解説授業が行われる1週間前までに、作成した問題が提示され、それを全員が最善を尽くし級友との練磨解答用紙に解きます。

それを、問題作成班に解説授業が行われる3日前までに提出します。提出された解答用紙の採点は、問題作成グループが協力して行い、解説当日に各生徒に返却し、生徒たちの解説授業が行なわれます。

　解説授業では、ジグソー法の動きを取り入れています。3人〜4人編成のグループは、座席の近くで構成され、定期考査ごとに再編成しています。

　問題解説は問題作成グループの生徒の一人が、授業の前半20分程度を利用して行います。3問同時に3か所で行い、そこで各グループから最低1人解説を聞くことになっています。つまり、グループ内の誰かが必ず解説を聞く仕組みになっています。解説の際には、スムーズに解説を行うためにAppleプレゼンテーションソフト「Keynote」を利用する生徒もいれば、白板に書いて説明する生徒もいます。分かりやすい解説を行うことが目標で、その手段は問うていません。型にはめないことで、生徒間のコミュニケーションを活性化させ、生徒の創造性を引き出したいと考えています。

　解説が終わると生徒は元のグループに戻ります。全員が戻ると、次に解説を聞いてきた生徒がグループ内で解説を行います。授業の後半部分にあたります。こうすることで、どの生徒も聞き役になるし、解説者にもなります。

　ところで、最初の解説の終了時間は問題によって時間差が生じますが、先に終了した生徒には、余った時間を使って自分の解説準備や解き直しをするなど各自ですべきことを考えて行動するように指示しています。

　グループ内での解説が終了した後は、各生徒が自分の解答用紙を見直す時間にして、この授業は終了となります。この授業形態を通じて、解説する生徒も、される生徒も、発問を通じて深い学びにすることを常に意識させています。最後に級友との練磨の振り返りとして、解答

用紙に正しい解答を記述し、私が行う総括的な評価の前に提出をさせています（**写真1**）（**写真2**）。

写真1　授業の様子①
出典：筆者撮影

写真2　授業の様子②
出典：筆者撮影

学習内容の振り返り「学びの検証」・総括的評価

　学びとは、言い換えると「知識」と「スキル」を習得することであると捉えています。ここでは、「学びの検証」として、一連の学びの中で出てきた様々な「問い」を通して、獲得した知識とスキルの確認をします。例えば、問題を解く生徒のレベルを想像（共感）して作問できたのか、あるいは、その作問で創造性が発揮できたのかなどです。自分自身への「問い」かけを続けながら、何が学べたのかをメタ認知化することで、次の「問い」や「学び」のサイクルにつなげていきます。

課題

　家庭学習の量が多いという意見が生徒からあげられることがあります。その場合に考えられる原因は、生徒のタイムマネジメントの問題です。しかし、これには、2種類の状況が考えられ、それぞれの状況に応じた指導が必要ですが、学びに対する主体性についての課題が浮き彫りになる時があります。

　1つは、生徒自身が主体的に学習に取り組むアクティブラーナーであれば、学習をこなすことはそれほど負担を感じることはありません。但し、すべき課題が多くある場合には、時間の有効活用が求められます。これが本来の意味でのタイムマネジメントです。このような生徒には、タイムマネジメントの発想を活かし、効果的に学習する指導が求められます。

　もう1つは、生徒自身が主体的に学習に取り組むアクティブラーナーでない状況が生み出す問題です。アクティブラーナーでなければ、学習に対する姿勢や行動も積極的でないために効果的な学習ができず、時間を浪費してしまいます。学習を強いられているという気持ちを持つ生徒は、たとえ少ない課題でも不満を感じます。これは時間管理の問題を口実にしているだけで、実は、マインドセット、つまり、学習に対する心構えができていないことで起きる問題です。これが、私の授業の最大の課題です。

　日頃から私は自分の授業デザインについての意義を伝えています。大部分の生徒は十分な理解を示しています。しかしながら、そうでない生徒がいることも事実です。授業目標に掲げている「これからの時代を生き抜く力としての学力やスキルの育成をする」ことの意義を、これからも様々な手段を通して伝え続けていかなければならないと痛

感しています。そのために欠かせないのが、生徒に「問い」続けることです。「問い学ぶ」、つまり「問学」体験を通して、生徒が学習に対してより主体的に臨むようになってほしいと願っています。

＊本稿は溝上慎一氏の教育論ウェブサイト（http://smizok.net/education/subpages/aAL_00019(Shibaike_math).html）収録の同論文を加筆修正したものです。

Ｅトレ(English Training) による
英語の自動化を目指して
(基礎英語編)

近畿大学附属高校　中西洋介

はじめに

　近年の英語教育界は「Reading, Writing, Listening, Speaking 」の4技能の向上を目指す方向に向かっています。これには、グローバル化する世界に対応できる人材育成することが日本において喫緊の課題となっている背景があります。そのような人材育成には外国語習得が必須になります。特に英語が共通語（Lingua Franca）としての役割を担う場合が多く、グローバル社会においてコミュニケーションを行うための英語習得が求められています。

　しかし、4技能の向上を目指す授業は、数年前まで「文法訳読式」を主に行ってきた私にはハードルが高く思われました。日本語による解説に時間をかけると英語活動に使う時間少なくなる（その逆もしかり）からです。そのハードルを乗り越えるために、私は2013年より「反転授業」を実践しています。反転授業では「文法訳読式」の部分を解説動画の視聴を生徒が行うことにより、授業中においては日本語

による教師の解説時間の代わりに、生徒が英語を使用する場面を増やすことが可能になります。反転授業は、生徒の学習量・質・目的に応じて様々な授業展開が可能になります。なお、家庭学習での解説動画の視聴部分の説明は、本書での「実践報告1」でしていますので、ここでは、教室内での「英語表現Ⅱ」（高校2年）の授業実践を報告いたします。

生徒の実態と指導のねらい

　勤務校は大学附属高校であるため、系列大学に進学するには特別推薦の諸条件を満たす必要があります。その一方で、他大学を受験する場合のような特別な大学受験勉強をする必要はありません。しかし、生徒は大学進学後に英語の授業についていくことができるのに必要な基礎学力を身につけることは不可欠です。

　それでは、その基礎学力とは一体何でしょうか？　私は、その1つは高校1年の「英語表現Ⅰ」で扱う例文を英語の「型」として身につけることだと考えています。勤務校での使用教科書である『Vision Quest Ⅰ Advanced』（以下、『Advanced』）[1]の例文は合計で288です。これらの例文を生徒が身につけるように徹底した指導をします。その指導法を「Eトレ」（English Training）と呼び、「one sentence」の4技能の習得を目指した学習指導を、2016年度担当の高校2年生に対して行いました。

　従来、高校2年生で「英語表現Ⅱ」の時間では、『Vision Quest Ⅱ』を使用することになります。しかし、私が担当した生徒は、高校1年の「英語表現Ⅰ」で『Vision Quest Ⅰ Standard』（以下、『Standard』）[2]

1　『Vision Quest English Expression Ⅰ Advanced』啓林館

2　『Vision Quest English Expression Ⅰ Standard』啓林館

を学習したものの、その定着が弱いと感じました。『Vision Quest Ⅱ』の教科書を4月から使用するよりも、高校2年時ではもう一度、『Vision Quest Ⅰ』の復習に重点を置き、徐々に「英語表現Ⅱ」の教科書である『Vision Quest Ⅱ』につなげる工夫をしました（高校3年でも引き続き「英語表現Ⅱ」の授業があります）。

　復習と言っても1年生で使用した『Standard』ではなく、生徒の学習意欲やプライドも高める意図もあり、生徒用の『Advanced』のデジタル教科書を導入しました。デジタル教科書にした理由は、学校で行ったEトレを自宅でも音声機能を活用してほしいと考えたからです。

　教科書の使用順序をまとめると、高校1年で『Vision Quest Ⅰ Standard』、高校2年で『Vision Quest Ⅰ Advanced』（デジタル教科書）と『Vision Quest Ⅱ』[3]（関連部分を使用）、そして最後に高校3年において『Vision Quest Ⅱ』となります。

授業の実際：Eトレ[4]

　『Advanced』を使用したEトレ（English Training）の方法を説明する前に、その名称の理由を述べます。「英語のトレーニング」とすることで、生来の頭の良し悪しは関係ないという考えを生徒が持ち、繰り返しの訓練により英語のスキルを習得することを体験してほしいと考えたからです。脳科学の分野では「neuroplasticity」（神経可塑性）が注目されています。生徒にはこの単語に加え、洋書でよく見かける「The brain is plastic. The brain is like a muscle. 」（脳には可塑性がある。それは筋肉のようである。）という表現も併せて説明しました。すなわ

3　『Vision Quest English Expression Ⅱ』啓林館
4　Eトレの意味：脳（神経）の可塑性を踏まえて、トレーニングによって英語スキルを身につけること（本書での定義）。

ち、繰り返し練習することによって、脳内神経の組み換えが起こる結果、新たな力（スキル）を身につけることが可能であるという説明でした。「繰り返し練習する」イメージを想起させる言葉として「Eトレ」を使用しました。

●Eトレの実践 Ⅰ：one sentence 4技能

　私が実践したEトレの内容は「one sentence 4技能」と名付け、教員用のデジタル教科書を用いて、次のように行いました。

①ターゲットとなる英文をデジタル教科書の音声の後に英文を見てリピートする（**図1**）。

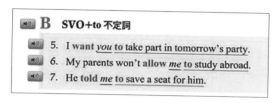

図1　教員用デジタル教科書①
出典：著者作成

②デジタル教科書の画面をスライドさせ、英文を見えなくして、音声を聞いた後にリピートする（**図2**）。

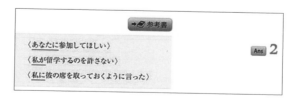

図2　教員用デジタル教科書②
出典：著者作成

③その英文をノート（プリント）に書く。

　例えば、L7 に出てくる英文6「My parents won't allow me to study abroad.」を、①聞いて（Listeningの部分）、英文を見て読む（Readingの部分）②聞いて（再びListeningの部分）、英文を言う（Speakingの部分）③英文を書く（Writingの部分）の4技能を基本例文で行うことができます。

　一見簡単に見えますが、英語を即答することに慣れていない生徒にとっては、2回の音声練習だけでは完璧になりません。しかし、Eトレが目指す「繰り返しのトレーニング」によって早ければ数回で可能になります。それでも難しければ、私が一文を短く切って音読練習を行います。例えば、上記の例文であれば、「My parents won't allow me」で切り、生徒がその部分をリピートし、その後に「to study abroad」の部分を練習します。さらに一文を通しで言えるようになれば、デジタル教科書の音声でできるように練習します。つまり、「デジタル教科書音声　→　教員音声　→　デジタル教科書音声」の練習を経て、英文を生徒の脳内データベースに蓄積するようなイメージでトレーニングします。

●Eトレ実践 Ⅱ：コミュニケーション英語の教科書との関連

　『Advanced』に掲載されている5文型から仮定法に至る、288の例文がインプットされると、「コミュニケーション英語Ⅱ」（勤務校では、Landmark English Communication Ⅱ）[5]の英文理解が速くなります。例えば、『Advanced』L9の分詞構文を用いた例文には、以下の文があります。

　I walked around the town taking pictures.
　（私は写真を撮りながら、町中を歩きまわった。）

5　『LANDMARK English Communication Ⅱ』啓林館

『Landmark Ⅱ』のL8Part 2では、「In addition, used paper collectors walked around towns picking up paper trash to sell to used paper buyers.」（さらに、古紙の採集者は、古紙の買い手に売るための紙のゴミを拾いながら、町中を歩きまわった。）の英文の理解を速くすることができます。つまり、インプットした例文を基に応用した英文を理解することが簡単になるということです。

●Eトレ実践 Ⅲ：GPS（Grammar Positioning System）による英文の理解

　前節の例のような場合に、Eトレにより身につけた英語例文は、他の教科書やその他の英文を読む際に役立ちますが、例文と他の英文をつなげるのが、英文法であることは言うまでもありません。通常、英文法の理解は教科書や参考書の解説で理解することが多いと思われます。しかし、私は参考書や教科書だけでなく、私が作成した表に則って、鳥瞰的に英文がどのような構成になっているかを、生徒に理解してもらいます。その表は、Grammar Positioning System（GPS）と名付け、英語の語順を視覚的に理解するように促しています（**図3**）（次頁）。

　Eトレで身につけた例文が、**図3**のどこに部分を当たるのかを理解しておけば、類似の構造を持つ他の英文を理解しやすくなります。この図の一つの特徴は、主語の前に副詞を置いている点です。

　英語が苦手な生徒は、「昨日は日曜日でした。」の英文を「Yesterday was Sunday.」と正しく言えます。しかし、彼（女）らの多くは「昨日は雨でした。」の英文を「Yesterday was rainy.」と答えます。後者の答えは、「Yesterday it was rainy.」になりますが、「yesterday」が名詞と副詞の働きがあることを知らないためです。

　そのため、GPS図表を使って、基本的には主語の前に副詞が来る

ことを教えます。例えば、「To read a book」には「本を読むこと」（名詞的用法）と「本を読むために」（副詞的用法）あることを伝え、その意味を決定するのは、次に来る単語や句などであることを伝えます。「To read a book is interesting. 」ならば、「is」が動詞であるので、その前に主語が来るため、「本を読むことは」と訳し、それに対して「To read a book I went to the library. 」は、「I」という主語があり、その前に位置するので、「本を読むために」と理解するようにします。

　このような理解の仕方が、前節の英文を読んで理解するように、他の英文を読む際に役立ちます。

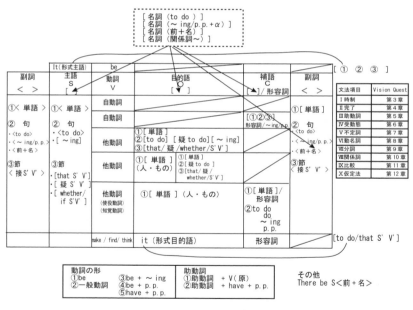

図3　GPS 図表

出典：著者作成

●Eトレ実践 Ⅳ：例文の簡単な応用

　例文がしっかり身につくと、Eトレでは先ほどの手順②「デジタル

教科書の画面をスライドさせ、英文を見えなくして、音声を聞いた後にリピートする」のみの繰り返し練習が可能となり、短い時間で多くの例文が練習できるようになります。

　この段階から簡単な応用として、「substitution drill」に挑戦します。先ほどの例文「My parents won't allow me to study abroad.」であれば、「allow」を「permit」（許す）や「encourage」（促す）などの単語に置き換えて練習します。それらの動詞は例文下に記載されているものです。

　このような練習を通して、表現の幅を広げることが可能になります。

●Ｅトレ実践 Ⅴ：『Vision Quest Ⅱ』への連携 「英作文のコツ」

　『Vision Quest Ⅱ』は、英文の難度が増すだけでなく、日本文も英文に直訳しにくいものが多く見受けられます。しかし、その分、英文を身につけることができれば英作文力の飛躍的な向上につながります。生徒が少しでも『Vision Quest Ⅱ』の英文を身につけやすくするために、「（中西版）英作文のコツ」を伝授し、それをＥトレによってトレーニングします。

　英文に直しにくい日本語に対する一般的な「英作文のコツ」、またはアドバイスは、「日本文を英文に直しやすい日本文に置き換えて英文に直す。」とされています。もっともなアドバイスですが、「別の日本語に置き換えることができない」生徒にとっては、このアドバイスはあまり役に立ちません。

　私は、このアドバイスを少し変えて、次のように述べます。「模範解答の英文を直訳し、問題となっている日本文と比較する。それが同じであれば、問題文は直訳できる英文であるため、その英文を再生できるように復習する。もし問題文と直訳の日本語がずれていたら、その箇所が英文に直しやすい別の日本文である。」「この練習方法では、

英作文するのが難しいと感じる問題文であれば、模範英文を分析してその英文をできる限り身につけて下さい。そのようにすれば英文を大量に練習することができるので、英作文力がつけやすい。」と言って英作文のコツを伝授します。

このコツを『Vision Quest Ⅱ』で実践すると次のようになります。例えば、L6の例文4「先週、コートをドライクリーニングに出した。」を英語に直すのはかなり難しいと思われます。この日本文を扱う際には、まず始めに『Advanced』L9の例文10の「 She had [got] her hair cut. 」（**図4**）をEトレで練習し思い出します。その後、『Vision Quest Ⅱ』の例文4の「I had my coat dry-cleaned last week. 」(**図5**）をEトレします。

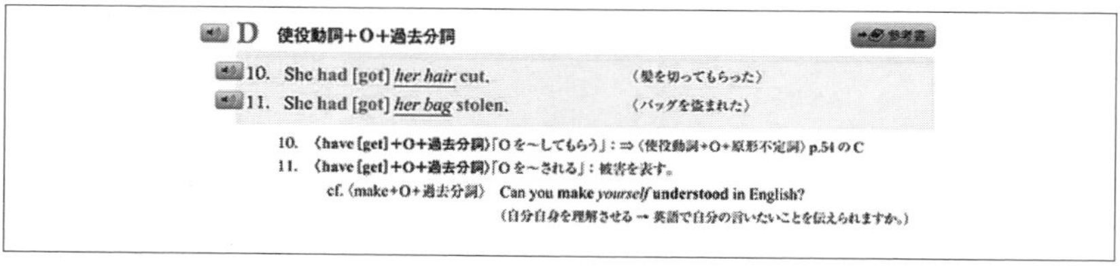

D　使役動詞+O+過去分詞

10. She had [got] *her hair* cut.　〈髪を切ってもらった〉
11. She had [got] *her bag* stolen.　〈バッグを盗まれた〉

10. 〈have [get]+O+過去分詞〉「Oを～してもらう」：⇒〈使役動詞+O+原形不定詞〉p.54のC
11. 〈have [get]+O+過去分詞〉「Oを～される」：被害を表す。
cf.〈make+O+過去分詞〉　Can you make *yourself* understood in English?
（自分自身を理解させる → 英語で自分の言いたいことを伝えられますか。）

図4　『Advanced』L9 例文 10

出典：著者作成

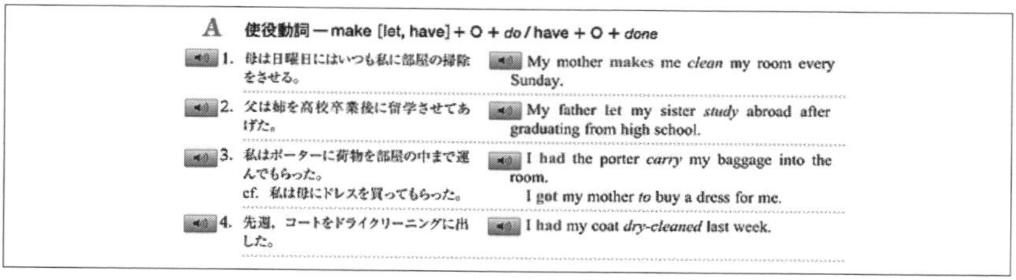

A　使役動詞 — make [let, have] + O + *do* / have + O + *done*

1. 母は日曜日にはいつも私に部屋の掃除をさせる。　My mother makes me *clean* my room every Sunday.
2. 父は姉を高校卒業後に留学させてあげた。　My father let my sister *study* abroad after graduating from high school.
3. 私はポーターに荷物を部屋の中まで運んでもらった。　I had the porter *carry* my baggage into the room.
cf.　私は母にドレスを買ってもらった。　I got my mother *to* buy a dress for me.
4. 先週，コートをドライクリーニングに出した。　I had my coat *dry-cleaned* last week.

図5　『Vision Quest Ⅱ』例文 4

出典：著者作成

同じ文法項目であっても、表現はⅡの方が難しいことが分かります。この英文をインプットした上、直訳した日本語「私は、先週、私の

コートをドライクリーニングしてもらった。」と比較します。生徒に
その違いを発見するように促すと、元の日本文には①「私は」がない、
②「私の（コート）」がない、③英文の「～してもらった」が「出し
た」という表現になっている、以上の3点が明らかになります。特に
最後の「～してもらった」という表現は日本語使用の文脈では普通は
使わないので「出した」となりますが、これは英語に直訳できないの
で「～してもらった」にしていることが分かります。

　このような練習を続けると、難易度の高い英文だけでなく、日本語
の表現の違いも理解できる学びにつながると考えられます。

生徒の反応と成果

　2016年度1年間を通して、『Advanced』例文の定着を目指すEトレ
を実践することで、生徒は英語の理解に対しての自信を得たようです。
私は、「学びや成長とは、知らないことを知り、できないことができ
ることである。それをするには、繰り返しが大切である。」と生徒に
常々伝えています。さらに、「半年前や1年前に比べて、英語に関し
て成長していますか？」と尋ねると、うなずく生徒が多く見受けられ
ます。偏差値などの他人との比較ではく、過去の自分自身との比較に
おいて今の方が優れているという実感を持ち、絶えず自分を向上させ
るという視点で学び続けるように励ましました。

　翌年（2017年）度の成果としては、2016年9月と2018年2月を比べ、
TOEIC Bridgeのクラス平均点が20点ほど向上したことです。2017年
7月と9月実施のTOEIC（IP）を任意で受験した生徒（19名）の平均
点は433.8点（990点満点）でした。その中には650点を超える生徒も
いて、高校2年当初の英語が苦手とする高校生としては、この平均点
はそれほど悪い成績ではないものと思われます。TOEIC対策の授業

はないため、各々の生徒が主体的（proactive）にTOEICの学習を行った結果であると言えます。スキルとしてＥトレで鍛えた、英語を速く処理する力が、TOEICの問題を解く上で大変役立ったものと考えられます。

＊本稿は啓林館『授業実践記録（英語）』（https://www.shinko-keirin.co.jp/keirinkan/kou/english/jissen_arch/201706/）収録の同論文を加筆修正したものです。

おわりに

　ライフネット生命の創業者であり、現在は立命館アジア太平洋大学
（APU）学長の出口治明氏は「人・本・旅」からの学びを奨励されて
います。著者の場合に当てはめると、「人」は生徒を中心とした教育
に関わる人たち、「本」は主に、ほぼ毎日読む洋書、「旅」は時折、講
演・セミナー依頼を受けて訪れる場所での経験になります。生徒との
触れ合いを通して体験値を高め、洋書で出会う英語を内省することで
日本語での思考や認識を深め、そして校内外で教育に関心を持つ方々
との多様な対話によって視野を広げながら、問い学んだことを述べた
のが本書です。

　本書の要点をまとめると、次の5点になります。

①より良く生きるための「知識・スキル・智恵の獲得」が「学び」で
　す。知らないことを知り（知識）、できないことができるようにな
　り（スキル）、物事の本質及びそれを伴った判断力（知恵）を得る
　ことが「学び」です。「主体的・対話的で深い学び」もこれらを獲
　得するためにあります。このような学びは「問い」によって促進さ
　れます。問い学ぶことを「問学」と呼び、その態度や行動が奨励さ
　れます。

②英語の「skill」は、日本語での「能力」の意味と同等かそれ以上の
　意味を持ちます。skill「スキル」は訓練すれば身につけることがで
　きるものです。認知スキル（学力）のみならず非認知スキル（人
　格）も同様です。

③スキルを越えるのが、「知識・スキル・態度・価値観」からなる

「コンピテンシー」です。「資質・能力」を「コンピテンシー」として考え、海外の実践を参考にすれば、「生きる力」などの教育目標を具体的に設定、実行、評価することが可能になります。

④テクノロジーの特質は、人間性や能力を増幅することにあります。テクノロジーが人間を補完するものとして利用するためには、「注意力」の維持をもたらす「自制心」などの性格特性（人格）を鍛える必要があります。ICT教育もこのことを念頭に置かなければなりません。

⑤これからの社会（Society 5.0）には「統合」（synthesis）などの高次思考力を含む「高度なスキル」の習得が求められます。それに加え、人間性を培う（cultivate）ために「手間ひま＋愛情・思いやり」をかけることで「文化・教養」（culture）を築き、人を育てることが、教育の大きな目的となります。

　教育での不易流行のうち「流行」のICT教育は、今後、5Gの通信環境が整うことでデータ化がいっそう進み、数値化の精度が高まります。それを背景に、教育とテクノロジーを掛け合わせた「エドテック」EdTechの勢いが増していきます。しかしながら、本書で提示した「不易」の数値化は困難であり、その価値は不変です。例えば、教師と生徒の信頼関係についても数値化は難しく、人間関係の重要性は変わりません。

　情報に関する洋書で見かけた「Not everything that counts can be counted, and not everything that can be counted, counts.」（重要なもの全てが数値化できるとは限らない、そして数値化できるもの全てが重要であるとは限らない。）（拙訳）は、教育にも当てはまります。Society 5.0の教育においても、重要かつ数値化できないものへの眼差しを持ち続けたいものです。

　今年（2020年）に入ってから新型コロナウィルスの感染拡大により、日本も大きな打撃を受けました。学校においても拡大防止のための休校が続き、児童・生徒の学びを止めないように、多くの学校でオンライン授業が始まっています。授業動画が作成され、Web会議システムを用いての授業も行われています。教室が使えない状況であっても、何とかして教育を続けたいという強い思いの現れだと思います。この新たな教育実践は、「学校の存在意義」や「教育の意味」を改めて考える機会になります。

　著者は、「IT革命」が流行語となった20年前（2000年）に、ICTによって教育が変わると考え、それ以降、解説動画を作成・使用し、そして2013年には反転授業の実践を始めました。これらの実践の背後には、ICTにより教育の在り方が変わり、学校・教師・教育の再定義が求められるという問題意識がありました。

　拙著『反転授業が変える教育の未来』での「ICT時代においては教師の存在が問われる」（第8章）や「ICT時代における学校の未来、教師の未来、教育の未来」（第9章）が、その問題意識について述べた章です。今回の感染症の流行を機に、この問題意識を共有し、これからの教育を模索しながらも創造していきたいと思っています。

　20年間ICTを用いて教育を試みた著者の結論は、当然ですが、「教育はICTで事足りるものではない」ということです。ICT教育においても、コロナ後の教育においても、人間が介在する限り、人間を中心に据えた教育が本来の姿です。本書が、これからの時代で、より良く学び、より良く生きる力の育成に少しでも寄与することができれば、これ以上の喜びはありません。

　なお、第Ⅲ部の実践報告1は、大学英語教育学会での『JACET関西紀要　第19号』（2017年）の拙論「反転授業：アクティブ・ラーニング実現は『問い学ぶ』教育に道（よ）る」からの抜粋です。実践報

告2は、前京都大学教授であり、現在は学校法人桐蔭学園理事長の溝上慎一氏のホームページに掲載の授業実践を基にしています。実践報告3は、啓林館ホームページ内にある授業報告に加筆修正したものです。それぞれの実践報告に関して、本書での掲載許可を頂いたことに感謝いたします。

　最後になりましたが、『反転授業が変える教育の未来』の続編として本書を上梓する機会を与えて頂いた、明石書店大江道雅社長、前著に引き続き貴重なアドバイスを頂きました深澤孝之氏、刊行まで編集を担当して頂きました黄唯さん、そして本書に関わる全ての方に感謝申し上げます。

　2020年5月

中西　洋介

◇著者紹介

中西洋介（なかにし・ようすけ）

近畿大学附属高等学校教諭（英語科）。国際大学大学院国際関係研究科修士課程修了、ジョンズ・ホプキンス大学高等国際問題研究大学院（SAIS）留学、テンプル大学（日本校）大学院教育研究科（TESOL）修士課程修了。2004年から現在使用しているような解説動画を作成して、授業などで活用を始める。2013年4月から勤務校のiPad導入に伴い、反転授業を開始する。反転授業により生徒が英語習得することを目指している。2017年6月、反転授業研究会において「問学教育研究部」を設置した。反転授業研究会会員。問学教育研究部部長。反転授業とともに「問学教育」の研究と実践にも努めている。著書：『反転授業が変える教育の未来――生徒の主体性を引き出す授業への取り組み』（共著、明石書店、2014年）。論文：「反転授業：アクティブ・ラーニング実現は『問い学ぶ』教育に道（よ）る」『JACET関西紀要第19号』（2017年）。

◆反転授業研究会・問学教育研究部

情報が溢れる時代において、主体的に問い学ぶ力を身につける「問学教育」のあり方を研究し実践するために、2017年6月に設置した。ホームページ（https://www.mon-gaku.com/）、部長ブログ「問学に道（よ）る」を通じて情報を発信している。

反転授業の実践知
──ICT教育を活かす「新しい学び」21の提言

2020年7月10日　初版第1刷発行

編　集	反転授業研究会・問学教育研究部
著　者	中　西　洋　介
発行者	大　江　道　雅
発行所	株式会社　明石書店

〒101-0021　東京都千代田区外神田6-9-5
電　話　03（5818）1171
ＦＡＸ　03（5818）1174
振　替　00100-7-24505
http://www.akashi.co.jp

装丁　　　　　桜井勝志
組版　　明石書店デザイン室
印刷・製本　モリモト印刷株式会社

（定価はカバーに表示してあります）

ISBN978-4-7503-5046-2

JCOPY　〈出版者著作権管理機構　委託出版物〉
本書の無断複製は著作権法上での例外を除き禁じられています。複製される場合は、そのつど事前に、出版者著作権管理機構（電話 03-5244-5088、FAX 03-5244-5089、e-mail: info@jcopy.or.jp）の許諾を得てください。

反転授業が変える
教育の未来
生徒の主体性を引き出す授業への取り組み

反転授業研究会 編
芝池宗克、中西洋介 著

A5判／並製／208頁
◎2000円

「教師中心」から「生徒中心」の授業展開へ。学力の向上はいうまでもなく、生きる力や主体性など生徒の新たな力を引き出す話題の「反転授業」。そのフロントランナーが具体的なノウハウを公開する。現場の教師が初めて書いた反転授業の実践紹介！

●内容構成●

第Ⅰ部 反転授業を始める前に《準備編》
反転授業とは／反転授業の動画の種類／反転授業はどう変わるのか／反転授業など生徒の新たな力を引き出す業は何を目指すのか

第Ⅱ部 反転授業の実際《実践編》
英語の反転授業でできること／数学の反転授業でできること

第Ⅲ部 反転授業で変わる教師の役割
ICT時代においては教師の存在意義が問われる／ICT時代における学校の未来／教師の未来・教育の未来

第Ⅳ部 反転授業導入のためのQ&A
反転授業の効果／学習環境の整備／動画の作成と利用／反転授業の負の側面／学校同僚・保護者の理解